# ANTOLOGÍA LITERARIA

# ANTOLOGÍA LITERARIA

DR. ADALBERTO GARCÍA DE MENDOZA

Editora: Elsa Taylor
Fotografía: Patty García De Mendoza
Fotografia de portada: Parlamento de Budapest

Número de Control de la Biblioteca del Congreso de EE. UU.:    2019920542
ISBN:        Tapa Dura                                    978-1-5065-3103-8
             Tapa Blanda                                  978-1-5065-3104-5
             Libro Electrónico                            978-1-5065-3105-2

**Para realizar pedidos de este libro, contacte con:**
Palibrio
1663 Liberty Drive
Suite 200
Bloomington, IN 47403
Gratis desde EE. UU. al 877.407.5847
Gratis desde México al 01.800.288.2243
Gratis desde España al 900.866.949
Desde otro país al +1.812.671.9757
Fax: 01.812.355.1576
ventas@palibrio.com
805464

# Contents

# Nuevo concepto de la democracia

El Artículo Tercero Constitucional que está por aprobarse en las Legislaturas de la República, señala una concepción modernísima de la democracia. Con gusto recordamos los conceptos fundamentales de Thomas Mann que tan gratas sugerencias nos entrega al redescubrir la esencia democrática en los pueblos del porvenir.

La democracia no es sólo la interpretación de esa vieja concepción, de gobierno del pueblo y para el pueblo; ni tampoco únicamente, la Institución que marca como límite la paz, respetando el destino de los demás pueblos. La democracia que en este momento se afirma, es la forma "estatal y social que se inspira, más que cualquier otra, en un sentido auténtico al de la conciencia de la dignidad humana".

Es a esa dignidad a la que tiende toda democracia, y por eso los atropellos contra este ideal de la humanidad se incrustan como dardos en el corazón de cada hombre.

Mann afirma como Vandervelde que lo esencial y lo verdaderamente nuevo en el mundo de la democracia es su aspecto social, que supera aquel otro, político.

Esta nueva forma trata de afirmar una superación económica, social y cultural, fincada en la dignificación del ser humano. Se vincula el concepto de la democracia a los de la idea y de lo absoluto. Es decir, por ello mismo, a la extra temporalidad de una esencia ideatoria, a la renovación infinita y a la juventud potencial nutrida por el poder de lo absoluto.

En primer lugar, la democracia, por ser humana, está más allá de los períodos históricos. Llega a la naturaleza más íntima del hombre, puesto que es idea que debe realizarse en praxis de síntesis superante.

"La idea es lo específico y verdaderamente humano, lo que hace del hombre aquello que es".

"El derecho es uno de los nombres de la idea, como lo son la libertad y la justicia; cuando se hace referencia a estas, se piensa a la vez en la verdad. El hombre está dotado de lo absoluto". Tales expresiones de Mann forjan un sentimiento nuevo.

Pero, para que la democracia sea una idea salvadora, debe tener un contenido vital, ser la realizadora de un nuevo humanismo. Debe ser el pensamiento y la acción concordantes; en su aspecto moral debe llegar a realizar la dignidad humana; en su carácter social y cultural debe unir el conocimiento y el arte, el espíritu y la vida, la idea y la acción.

Ciertamente, como lo establece el creador de *La Montaña Mágica*, la democracia se finca en la aristocracia de la virtud, porque es solidaridad, verdad y justicia, forjadora de la vida superior del espíritu.

Para llegar a esta democracia, moral, social y cultural hay que seguir el consejo del propio autor, es decir, la reforma de la libertad. Hacer de esta algo distinto de lo que fue en tiempos del liberalismo burgués, del laisser faire y laisser passer; debe ser una reforma en favor de la libertad espiritual y de la económica. Nunca podrá señalarse una libertad sana como tolerancia de todo. En cambio, debe estructurar el nuevo humanismo vigoroso e independiente, tal como lo formula el pensador:

"No es un humanismo de la debilidad y de la tolerancia que dude de sí mismo lo que hoy le hace falta a la libertad, pues de esa manera aparece miserable y dejada de la mano de Dios, ante una creencia en la fuerza que no sufre, ni remotamente, la anemia originada por el mucho pensar. Es preciso un humanismo de la voluntad y de la combativa determinación de conservación propia. La libertad debe descubrir su virilidad, debe aprender a llevar armadura y a defenderse contra sus enemigos mortales; después de las amarguísimas exigencias debe comprender que con pacifismo que confesadamente no quiere la guerra a ningún precio, provoca la guerra, en vez de impedirla".

Por último, no sólo se exige la reforma espiritual de la libertad, sino también la renovación económica y de esta manera se puede llegar a una verdadera democracia moral, en que la vida del hombre tenga su justo valor y los ideales de la cultura su plena realización.

Enero de 1946

Venecia, Italia

# Nueva era de comprensión

El discurso pronunciado por el Presidente Truman en la vieja Universidad de Fordham aborda la solución de comprensión para evitar el caos que la era atómica pudiera producir en el mundo.

Las palabras son significativas y llevan una realidad palpable que mueve a la preocupación ante un destino borrascoso e inhumano.

"La civilización no podría sobrevivir a la guerra atómica. Ha dicho Truman, y agrega: Nada quedaría más que un mundo reducido a escombros. Se irían para siempre las esperanzas del hombre en un orden decente. Se irían nuestras esperanzas en la era más grandiosa de la Historia de la humanidad, una era en la cual yo sé que puede domarse la energía atómica para el bien del hombre y no para su mal".

Pero para llegar a convertir el poder de la conquista en bien de la civilización, hay que crear un espíritu de bondad, hay que fortalecer los poderes del alma y descubrir el contenido diamantino que todavía conservan y conservarán para siempre, las más bellas sentencias de San Agustín, el teólogo africano.

La virtud es el orden en el amor, tal es la primera sentencia que debe gravarse en todas las almas que aspiran a la superación espiritual y a convertir al mundo, no en un campo de erizados y profundos abismos, sino en una región en que el sentido del hombre se descubra lleno de poder para percatarse de su propia esencia.

Con justa razón se recurre a ese campo del cultivo de los espíritus que es la educación, y el Presidente señala: "Así, pues, debemos ver en la educación ese elemento que a la larga exterminará la ignorancia que amenaza provocar nuevas catástrofes".

La ignorancia es el producto de los prejuicios, de la intolerancia, de las sospechas mal fundadas. Pero no sólo la ignorancia es el enemigo del hombre, sino también la ambición que lleva desenfreno de pasiones y la hipocresía que guarda rencor y aprovecha momentos para destrozar al hermano.

Comprensión es el término que corresponde a las siguientes frases de Truman: "El hombre inteligente no odia a sus semejantes nada más porque su religión es distinta, porque su idioma y costumbres son distintos o porque son distintos su origen nacional o su color. A la educación toca producir este entendimiento internacional profundo que es tan vital para la paz mundial".

Comprensión también es el contenido de las siguientes frases:

"El americano inteligente ya no piensa que por el simple hecho de que un hombre nace fuera de los límites de Estados Unidos, dicho hombre no debe preocuparnos. Él sabe que en esta clase de pensamientos se ocultan las semillas de dictaduras y tiranías. Y sabe, por experiencia amarga, que las dictaduras y tiranías son demasiado crueles para detenerse en las fronteras y dejar a los pueblos tranquilos".

Comprensión para todos los hombres, para todas las buenas voluntades, para todas las aspiraciones del espíritu que han forjado a través de los siglos el sentido de un mejoramiento espiritual, y, por ende, de esa anhelada búsqueda que corresponde a una conciencia feliz, lozana, activa y floreciente.

# Murió un gran pintor

Hace unos cuantos días dejó de existir el notable pintor don Ángel Zárraga Argüelles. Mucho ha perdido México, pues era un artista que, empleando la técnica clásica y siempre con motivos de tipo idealista, se había ajustado a los cánones más exigentes de la escuela moderna.

En épocas recientes terminó los magníficos murales de la Catedral de Monterrey, los que le valieron elogios de todos los críticos y artistas. Dejó sin concluir los murales de la nueva Biblioteca de la Secretaría de Educación Pública, situada en el edificio antiguo de la Ciudadela.

Señala don Ángel Zárraga Argüelles una enseñanza singular: cómo, sobre la base de una técnica clásica y perfectamente equilibrada, puédese construir los intentos de la pintura moderna, siempre que estos sean suficientemente razonables. En realidad, el arte puede ser de todos los tiempos en sus principios básicos, en cambio, los medios exteriores van cambiando, así como los fines.

El aspecto religioso que tiene un cuadro pintado en China, en las mejores épocas y en las mejores dinastías, guarda un parecido notable con un mural de una catedral de Toledo o de Florencia. Ambos guardan ese espíritu de religiosidad y de misticismo que el arte ha podido conquistar a través de los colores, de las formas, de los motivos y de la composición. Ha cambiado la técnica, los principios de perspectiva han variado, los colores han sido aceptados con preferencias determinadas; pero en el fondo el aspecto místico siempre se conserva igual a través de milenios de años.

Es que el arte es la expresión más pura de la vida, es el sentido más profundo de la existencia; y sabe entregar las notas diferenciales del sentimiento, del intelecto y de la voluntad. Sobre todo, de la voluntad, ya que el arte en su totalidad puédesele reducir a una poderosa voluntad de ser.

El verdadero artista descubre este elemento esencial. Sabe llevarlo al lienzo en la forma cubista, impresionista, naturalista o clásica, y en cada caso, el cuadro aparecerá en la superficie diferente, pero en el fondo contagiándonos de la misma emoción y del mismo propósito.

Lo propio acontece en las demás artes. La pagoda de la catedral gótica, el canto litúrgico del Islam o del Occidente, el bajo relieve en un templo de Java o en el Bautisterio de Florencia; en todos estos lugares y en todas esas épocas, será el pensamiento único que señale una virtualidad esencial que el hombre posee y seguirá poseyendo.

Nunca temió Zárraga las corrientes más exageradas de la pintura moderna. Las supo emplear y gozó de ellas; pero en cambio, estimó en alto grado ese sentido de tranquilidad que lleva la forma clásica para demostrar aún los motivos más dinámicos y las pasiones más frenéticas.

Tarde o temprano será estimada justamente la obra de tan insigne artista.

Octubre de 1946

# MAX SCHELER Y
# MARTIN HEIDEGGER

La investigación en la Fenomenología, adquiere vigor en la especulación del campo eidético. Este es admirablemente escudriñado en la obra de Husserl, a través de las significaciones, intuición esencial, efectuación intuitiva, intencionalidad intelectiva, y de todos esos procesos y esencias que constituyen un mundo nuevo, apenas entrevisto por algunos de los máximos pensadores de la antigüedad.

Pero el campo eidético necesita ahondar aún más. Sólo se había visto su esencia lógica, sus manifestaciones intelectivas, y es necesario llegar a otra de sus formas, es decir, a las emociones en sus múltiples aspectos y a las formas primarias del desear. Max Scheler es quien, con un análisis sutil, llega a descubrir el campo de los valores en la emocionalidad. Señala nuevas esencias al lado de las significaciones, encuentra nuevas intencionalidades al lado de la única especulada por Husserl y ve, no únicamente las esencias en el campo de lo estético, sino aún en el de lo material.

En este proceso, se va adentrando en la investigación del campo fáctico, señalándole nuevas formas (esencias) y nuevas realizaciones. Por eso Max Scheler había de llegar más tarde a ver de cerca el realismo epistemológico y a mantener una visión metafísica más cercana con el desarrollo siempre viviente de la Historia.

Pero el paso más decisivo de Scheler está en el estudio de la naturaleza del hombre. ¿Qué es el hombre? Esta es la base que toma frente a la metafísica, ¿Cuál el carácter distintivo del hombre? ¿Qué relaciones existen entre lo anímico y lo espiritual, entre el instinto y la intención, entre la tendencia afectiva y el amor? Tales son algunas de las profundas dudas que trata de abordar. La antropología filosófica ha de ser, entonces, su objetivo primordial y único, y de los elementos vitales ha de sacar el estudio de la parte biológica y anímica del hombre; y de los elementos espirituales, ha de llegar a afirmar el principio que, oponiéndose a la vida en general, nunca podía reducirse a la evolución natural de los seres biológicos y que él llama espíritu.

Vuelve a ser el centro de la investigación profunda de las esencias, el hombre. Así como se manifestara patente en la exquisita palabra de San Agustín, o en la mística expresión de Eckehart.

Esto constituye para nosotros, la característica de la filosofía occidental. Pues, la filosofía de Occidente ve esencialmente al hombre y lo coloca.

Percy Bysshe Shelley

# El misterio de la noche

La naturaleza ha forjado en la mente del hombre las más bellas creaciones, los sentimientos más nobles y las imaginaciones de mayor pureza.

La noche ha sido el motivo de misterio y concentración para los poetas y los artistas. Su fuerza se traduce casi siempre en tragedia, si es la pluma shakesperiana; y en cambio, adquiere un valor de simbología en la lírica de Percy Bysshe Shelley.

En un poema de este notable poeta, implora a la noche:

"Swiftly walk o'er the western wave,
Spirit of Night!"

"Con rapidez camina hacia el occidente,
Noche sombría"

Llamada ésta que es un símbolo de un anhelo ferviente, descubre una ruta contagiada de nueva vida.

"Out of the misty eastern cave"
"Sal del antro brumoso del Oriente"

Semblanza que recoge el espejismo de una incógnita llena de sugerencias que a continuación exclama:

> "Where, all the long and lone daylight,
> Thou wovest dreams of joy and fear,
> Which make thee terrible and dear,
> Swift be they flight!"

> ¡Dónde tejes durante todo el día,
> para hacerte temer y hacerte amar,
> sueños que hacen sufrir y hacen gozar
> Noche sombría!

Y la noche que siempre guarda nostalgia y temor, duda y desaliento, sabe guardar sueños que hacen gozar y hacen sufrir.

Pero, hay que llegar a describir la noche en su propia esencia:

> "Wrap they form in a mantle gray
> Star – inwrought!"
> "Cúbrete en tu manto de hechicera.
> De astros bordados"

Tal como lo imaginara musicalmente Mozart en su penetrante visión de la *Flauta Mágica*.

Habríase de llamar la atención de cómo vence al día:

> "Blind with thine hair the eyes of Day;
> Kiss her until she be wearied out".

> "Deslumbre al día tu alba caballera,
> Bésale hasta dejarle extenuado".

Para lograr la conquista entera:

"Then wander o'er city, and sea, and land,
Touching all with thine opiate wand
Come, long–sought!"

"Y toca con su mágica barita,
El campo, el mar y la cansada villa,
¡Oh, instante ansiado!"

A pesar de esta profunda incertidumbre y fervorosa llamada, la noche seduce como la tentadora serpiente y entonces el poeta la rememora:

"When I arose and saw the dawn,
I sighed for thee;
When light rode high, and the dew was gone,
and noon lay heavy on flower and tree,
and the weary Day turned to his rest,
Lingering like an unloved guest,
I sighed for thee".

"Gemí por ti;
Cuando reinó la luz y huyó el rocío,
y el medio día entre las flores vi,
y el monótono día en busca de reposo
partióse humillado y perezoso,
gemí por ti".

Pero al instante la noche se hace eterna, la imagen desaparece para descubrir esencias; la muerte y su compañero el Sueño, quieren unirse vanamente en lazos perennes de intuición:

"The brother Death came, and cried,
Wouldst thou me?
They sweet child Sleep, the filmy–eyed,
Murmured like a noontide bee,
Shall I nestle near thy side?
Wouldst thou me? –and I replied,
¡No, not, thee!"
"Llegó tu hermana la Muerte y exclamó:
¿Quiéreme a mí?
Y tu dulce hijo, el Sueño que lo oyó:
¿Me dejas anidar cerca de ti?
Me quieres como abeja a medio día,
susurró: Respondiole: "Qué porfía!"
No, no es a ti.

El poeta desata lo mal anudado, pues:

"Death will come when thou art dead,
soon, too soon"

"La muerte vendrá en cuanto hayas partido
Rápida, ¡cuán rápida!"

"Sleep will come when thou are fled"

"El sueño vendrá en cuanto hayas huido"

Por ello, el poeta, como en la canción de Schumann, pide solo la noche:

"Of neither would I ask the boon
I ask of thee, beloved Night...

Swift be thine approaching flight,
Come soon, soon!"

"Más a ninguno osará pedirte esto.
Que a ti te pido, ¡Oh noche idolatrada!
Ven pronto. –Presto!"

Insondable como el misterio, refugio de luminarias espirituales, sólo la noche entrega el sentido de la sombra que apaga conciencia luminosa para intuir sugerencias y poderes mágicos en el más penetrante rincón del sentimiento humano.

Marzo de 1946.

# EL ANALFABETISMO Y LA CULTURA

Imaginar un momento a un niño atado de manos, piernas y tronco a una pared. Ningún movimiento en sus miembros, los que irán atrofiándose paulatinamente hasta llegar a la parálisis. Cómo daría pesar y angustia ante semejante espectáculo, pues los músculos y todo el sistema orgánico de ese ser, no sólo dejarían de ser flexibles y manifestarse en movimientos con el esplendor de la belleza, sino que irían muriéndose, marchitándose como un pobre desecho.

La naturaleza ha proporcionado a los hombres los más bellos organismos para que en su desarrollo armónico, presenten la nobleza de las formas y el equilibrio de los movimientos. En cambio, en la figura anterior, la naturaleza está destrozada, se le impide manifestarse y no llega ni siquiera a ser comparable con la máquina que tiene también la belleza de lo que funciona con precisión matemática.

Así es el hombre atado al pivote de la ignorancia. Todas sus facultades anímicas están cogidas entre lazos, no ofrecen otro espectáculo que el de seres inermes., sin ninguna función, ni deseo, ni la más mínima esperanza de movimiento.

El movimiento es el espíritu, es la idea libre, es la emoción que ennoblece, es la voluntad que finca toda una felicidad. Cuando el hombre no sabe que tiene un pensamiento de altura, rastrea su sentimiento por los más bajos planos de la mediocridad, no sabe pulsar el latido de la voluntad; y entonces es el ser más ínfimo de la creación porque no presenta en su verdadero valor, las fuerzas que el espíritu tiene en potencia.

Ver al niño atado en su cuerpo, es el espectáculo más desolador que puede presentarse; contemplar a un ser humano en la encrucijada de la ignorancia, sin percibir los alientos que vienen de la letra y de la frase, es aún un espectáculo de mayor pobreza y crueldad.

El hombre viene a la tierra con los poderes más nobles en la flexibilidad de su cuerpo, con maravillas que compendia los sentidos, las percepciones y todo ese conjunto de sistemas que le hacen asimilar el medio y superarlo. Pero también viene a la tierra con un espíritu que anhela vigorizarse para desplegar las alas de la imaginación, ahondar el misterio que guarda la verdad en el Universo, descubrir su propia finalidad en su propio yo, llevar a todos los hombres un anhelo de vida y un mensaje de paz.

Si estas fuerzas las anulamos, habremos realizado el acto más contrario a la felicidad humana, el más cruel que puede presentarse. Por eso, cuando Carlos IV decía: no hay que dar ilustración a los habitantes del nuevo mundo, se mostraba el hombre más falto de dignidad y más nefasto para la Historia.

Así como el ojo ve y se deleita con colores y formas, con rostros de seres que ama, y con paisajes de infinita hermosura; así también la visión espiritual que lleva el pensamiento impreso en los libros, hace que el alma descubra los más bellos paisajes, las más hondas simpatías y las más profundas convivencias.

No hay acto más noble que el encausar el espíritu de los hombres en el camino del saber. No hay acto más profundamente bondadoso que el que entrega una palabra sabia, un sentimiento bello, bondadoso y justo, una voluntad férrea para continuar por el camino de la existencia.

Es el manantial en el desierto, es la luz que ilumina la senda, es la esperanza que salva; es todo eso y algo más, el conocimiento que se trasluce en el pensamiento impreso, en la nota que guarda el palpitar del bello arte de la música.

No sólo apoyo la idea de enseñar la letra para llegar a los dominios infinitos de todos los pensamientos, sino también de enseñanza de la nota musical que sabe guardar tantos misterios a la conciencia del hombre y le proporciona felicidad sin límites.

Al alfabetismo e ignorancia de los símbolos que emplean las artes, es la negación, el encarcelamiento del espíritu. Comprensión de la frase escrita, de la nota musical, de los símbolos que emplean la pintura y la escultura, de las proporciones que guardan las estructuras arquitectónicas, constituye la verdadera liberación de la humanidad.

Hagamos Patria enseñando a leer. Hagamos fraternidad conviviendo todos los hombres en las manifestaciones más altas del espíritu.

# Lo permanente y lo cambiable en la obra artística

Toda obra de arte llega a la síntesis del movimiento y de la quietud. Serenidad apolínea e inquietud dionisiaca. Aspectos que pueden presentarse no sólo en la misma obra sino en diversas, no únicamente en la cultura determinada sino en las diversas culturas y civilizaciones.

La cultura medieval, con esa quietud en la meditación agustiniana, con esa profundidad en la demostración tomista, se contrapone a la cultura Helénica llena de proporción en la sensibilidad, pletórica de goce y virtualidad en la narración iliádica.

Mundo del futuro en la Cultura de la Edad Media; universo del presente en la esencia del ethos griego.

Y si comparamos obras tendremos:

La vigorosa línea de la locura de Kassner en la pluma de Malraux, frente a la deliciosa estrofa de un Haiku de Basho. La tranquila ingenuidad del Cartero del Rey de Tagore, frente a la vibrante canción de Walt Whitman. La creyente y sumisa figura de un Job, frente al frenético y pasional desbordamiento de vida en la torturada figura de un Prometeo. La sensual y desbordante frase erótica de Neruda, frente a la fría y torturante expresión de Rodó en el Sembrador de la Pampa, de granito.

Toda una serie de contradictorios que llevan la sugerencia de síntesis artísticas ya descubiertas algunas, otras potencialmente contenidas en el impulso vigoroso del arte contemporáneo.

"Había que esperar: eso es todo. Durar. Vivir como una lamparilla de noche, como los paralíticos, como los agonizantes, con esa voluntad terca y oculta, como un rostro en el fondo de las tinieblas. "Presenta el primer momento del Tiempo del Desprecio André Malraux.

En cambio, Tagore canta:

"Francamente no sé cómo . . . (dice Amal, el niño que vanamente espera la carta del Rey y que describe la llegada del Cartero que le ha de traer la bendita misiva) . . . Pero, lo veo muy clarito . . . Creo que lo vi muchas veces en días que pasaron hace muchísimo tiempo . . . Ignoro cuando . . . ¿Lo sabes tú? . . . Dímelo . . . ¡Ah! si vieras qué claro lo hallo. Ahora el cartero del Rey desciende por la ladera del monte . . . Viene solo. Trae un farol en la mano izquierda y, al hombro, una mochila grandísima llena de cartas . . . Baja, baja . . . Hace mucho tiempo que viene cuesta abajo . . . Sin descansar de día ni de noche . . . Después, cuando llega a la parte de la montaña donde el arroyo se convierte en cascada, cruza a la otra orilla y sigue . . . sigue por el campo sembrado de centeno . . . Más tarde penetra en el cañaveral, por ese callejón donde están las más altas . . . Y se pierde de vista . . . Hasta que reaparece en la pradera, allí donde cantan los grillos . . . ¡Mira, mira faquir! Sólo se le ve a él. Lo saludan las perdices que están picoteando en el barro y moviendo las colas . . . Ahora lo siento más cerca . . . más cerca . . . cada vez más . . . Vieras . . . ¡Estoy muy contento!"

Ilusión y realidad. Ambas crueles como el anhelo nunca satisfecho, como el sufrimiento de una vida atormentada por la incomprensión y la crueldad.

¿En dónde se encontrará la síntesis? Sin duda en la tragedia de la ingenuidad y en el profundo drama de la realidad. Tal vez en la ingenuidad de los hombres para sus ideales más caros, y por los que entrega su vida y su felicidad, y en la profundidad de las palabras que brotan de las mentes sabias de los niños.

La historia va realizando vida en las excelsas creaciones de la cultura a la manera de la semilla que nace y muere para brotar, hacer nuevo aliento de existencia del propio lecho del dolor y de la muerte.

# La historia y el periodismo

Una hermosa conferencia fue pronunciada en el Anfiteatro Bolívar de la Universidad Nacional de México, por el distinguido periodista José Pérez Moreno sobre el tema sugerente: *La Nota de Hoy es la Historia de Mañana*.

Aseveró el conferenciante, con perspicaz tino, que "la historia conserva testimonios del pasado y se enlaza con el periodismo, que es la historia en marcha".

Concepción que precisa dos aconteceres: la historia que se escribe sobre lo que ha pasado y se detiene en el recuerdo señalando sus causas y efectos, y sirviendo de lección a todas las épocas; y el periodismo que se enlaza con esta ciencia constituyendo la historia en marcha.

La historia es sistematización de hechos. El periodismo es simbología viviente. La historia habla para el futuro sobre la experiencia del pasado. El periodismo atiende el presente, teniendo conciencia del pasado y del futuro en un segundo término.

Es la reflexión frente a la intuición. Es la ciencia que en la bella expresión de Hegel semeja la lechuza que muestra vitalidad en el crepúsculo frente al palpitar de los acontecimientos que, como las flores, dan su esplendor en pleno día.

Por eso la historia requiere mucho tiempo para escribírsela después del acontecimiento. La lejanía le ofrece el espectáculo del acontecer, como sucede con la vista de una montaña, de un valle o de un bosque. En cambio, el periodismo rehúye el tiempo, los minutos atormentan la mente vibrante del periodista, pues las horas son la muerte de lo viviente.

Es la senectud frente a la juventud. Es el paideuma juvenil, que según Frobenius, sabe de un mundo ideal frente al paideuma de la senectud que es mecanización.

En muchas ocasiones la nota periodística acepta las formas paideumáticas de la niñez con su poder demoniaco, creador e intuitivo, y en otras es un sentido idealista, simbólico, en donde se manifiestan los elementos espectrales del mundo, hay conciencia plena de la dualidad, mundo y espíritu.

El paideuma infantil es la expresión del devenir. El paideuma juvenil es la expresión de los ideales que son del ser; y el paideuma senil es la forma acabada del haber llegado a ser.

La vida espiritual de la conciencia es el sentir del periodismo bien entendido. La concentración de la causalidad intelectiva, como preocupación otoñal, es la forma sustancial de la historia.

Y entre el forjar el momento y descubrir el pasado, hay una liga misteriosa que nos recuerda el sentimiento profundo que Agustín de Tagaste escribiera en una de sus conferencias:

"Si ergo praeseus, ut tempus sit, ideo fit, quia in praeteritum transit, quomodo et hoc esse decimus, cui causa, ut sit, illa est, quia non erit, ut scilicet non vere dicamus tempus esse, ¿nisi quia tendit non esse?"

"Si el tiempo presente, para que sea tiempo, es preciso que deje de ser presente y se convierta en pasado; cómo decimos que el presente existe y tiene ser, puesto que su ser estriba en que dejará de ser; pues no podemos decir con verdad, que el presente es tiempo, ¿sino en cuanto camina a dejar de ser?

Sentimiento dinámico que supo acontecer al principio del cristianismo en la mente de quien mejor tuvo fe y supo llegar a la mejor intuición.

Ciertamente, la historia va elevando su condición cronológica y vuélvese en la mano de Burkhart o en la de Ranke, una creación espiritual de gran envergadura. Pero, sin embargo, la nota del periodista siempre se irá recogiendo, el sentido del presente con el poder de la negación que es vitalidad de superación.

# La guerra y la justicia

Recientemente fue clausurado el Primer Congreso Mexicano de Institutos y Agregados Culturales. En la última sesión, presidida por el señor doctor Rafael Altamira, dijeron magníficos discursos y se aceptaron propuestas de enorme interés cultural.

Sin embargo, una frase del señor Jaime Torres Bodet nos ha llamado poderosamente la atención. "Una paz sin justicia sería más desastrosa para la civilización y para la cultura, que el espectáculo trágico de la guerra. Una paz sin justicia constituiría un funesto desengaño. Y ninguna cultura puede erigirse sobre la mentira".

En realidad, si la guerra es cruel y devastadora, en cambio, la paz que no sabe fincarse sobre la justicia, destroza todas las conciencias y encauza a un desastre en el campo fundamentalmente moral.

Los motivos de la guerra son buenos, perro pueden señalarse algunos injustos y otros suficientemente aceptables. Injusto es el ataque que una nación imperialista dirige a un pueblo débil; y lleva un sentido de justicia la guerra defensiva que repele el ataque anterior. En todos los casos las consecuencias de la guerra son materiales y espirituales. Materialmente se anula la obra civilizadora, espiritualmente se destruyen los monumentos y las joyas estéticas que constituyen la cultura en el pasado de un país y además se llega a todas las consecuencias de desastre moral por el ímpetu de ferocidad y por la pérdida de la dignidad humana.

Si bien es cierto que la guerra defensiva de la libertad lleva siempre exaltación de virtudes patrióticas y se equilibran los más altos valores de la consciencia comunal; no por eso deja de percibirse el desastre económico y las consecuencias del hambre y la miseria después de terminada la contienda.

Pero, a pesar de que el espectáculo de la guerra constituye un malestar enorme, la paz debe estructurarse sobre una base de la más estricta justicia para no convertirse en un mal mayor. Puede decirse que entonces se trata de conquistar la paz misma. Y conquistar una virtud es lo más difícil que se encuentra en la vida de los hombres y de los pueblos.

La guerra puede ser feroz y hasta sanguinaria; exalta la virtud del heroísmo y el poder del valor; en cambio, la conquista de la paz sólo se logra sobre la justicia, que es el equilibrio de todos los intentos más profundos de la moral social. La justicia fue para los antiguos dar a cada quien lo que es suyo. La justicia es para nosotros respetar el derecho de cada quien, y tal es el concepto que lleva la célebre sentencia de Benito Juárez al decirnos que la paz es el derecho ajeno.

Para llegar a la justicia, hay que sentir el anhelo, la angustia, la necesidad espiritual y la contingencia material de cada hombre, de cada pueblo de todas las razas que forman el género humano. Hay que tener también el sentido más alto del amor superior, para investir todos los actos con la bondad y el desinterés y la abnegación.

La justicia entraña el desatender la lucha desenfrenada de pasiones, anular la ambición por la conquista y señalar el justo papel que cada uno debe desempeñar en una misión suprema de humanización.

Paz sin justicia es sencillamente una mentira y un sarcasmo; si pudiera ser así, entonces se llegaría a la unificación de la cultura y aún de la vida. Porque las consciencias aportarían sus más hondos propósitos, no habría ni fe ni esperanza en los corazones, y sólo tinieblas que darían en el espíritu de cada hombre y en el destino de cada pueblo.

Agosto de 1946

Musée D'Orsay. Paris, France

# La educación, forjadora de una nueva manera de pensar

Los dominios que la ciencia, el arte y la filosofía han descubierto en estos últimos años, no sólo exigen una amplitud de conceptos más amplios y de leyes más universales, sino que suponen una nueva manera de pensar, de intuir y de vivir las más profundas emociones y los más concentrados sentimientos.

Este problema, que exige una nueva actitud espiritual para captar las nuevas conquistas que, en los campos de la Inteligencia, de la Voluntad y de la Emoción, se han encontrado; supone en la Educación y Pedagogía modernas una experiencia más firme y aún más compleja.

¿Quién dijera que los postulados lógicos de Aristóteles, que tienen por antecedente la cultura hindú y que fueran la especulación más certera y exacta de toda la Edad Media y se adulara al descubrimiento de la Lógica Inductiva que desde el Renacimiento ha florecido con sumo esplendor, ha llegado, en estos últimos tiempos, ha modificarse en lo esencial de sus últimos postulados?

¿Quién supusiera que la Matemática, la ciencia más exacta que hasta la fecha había sido considerada como la verdad absoluta, está siendo modificada en sus postulados últimos y presenta un aspecto absolutamente distinto en principios y en consecuencias?

Si la Ciencia se ha modificado tan profundamente, puesto que llega ahora a sobrepasar la estructura simplista de la molécula para internarse en la composición del malamente llamado átomo; si las radiaciones tienen tan amplio alcance que pueden realizar la comunicación de la Tierra con su satélite la Luna, con el Sol, y en un futuro no lejano, con los demás Planetas y aún Estrellas; es más profunda la modificación que se ha operado en la mente, en la Lógica, en la Ciencias de las esencias como la Matemática, pues aquí aparecen conceptos nuevos, principios novísimos que muchas veces alternan hasta aquellos postulados últimos de identidad que se daban por evidentes y absolutamente ciertos.

Si en el campo del arte pueden imaginarse y realizarse nuevas formas de sentir y de desear, tal como acontece con la ciencia equilibrada del Clásico, con el principio de aspiración al infinito del Gótico; si también podemos pensar en nuevas maneras de comportarse ante la vida moralmente, según se acepten los principios de abnegación y caridad o de sencillez y tranquilidad estoica; no es fácil hacer lo mismo en el campo de la ciencia y sobre todo de la Lógica y de la Matemática que hasta hace poco habíanse estimado como absolutas.

Incumbe a la nueva Educación descubrir estos nuevos aspectos de la conceptuación y de la emoción. Sentir la belleza que guarda un poema sinfónico de Bloch, un ballet de Stravinski, un contrapunto de Schönberg requiere nueva sensibilidad que llega a lograrse cuando se descubre la naturaleza de la existencia moderna. Apasionarse por una nueva manera de ser ante la vida, presentando actitudes morales de nuevo cuño ante las atrocidades de la guerra y los conflictos éticos del momento; sólo puede descubrirse, cuando el hombre se siente poseído de sí mismo y se enfrenta a la vida moderna con suficiente capacidad.

Lo propio acontece en el mundo de la inteligencia. Nuevas afirmaciones de la mente, señalamiento de procesos que se habían ignorado, ahondamiento de conceptos que en los campos más varios de la naturaleza, de la vida y del espíritu débanse profundizar.

La Educación deberá tener en cuenta estos procesos para lograr que los hombres sepan descubrir su momento, sepan llegar a la conciencia misma del instante y de esta manera realizar su existencia en una forma espléndida para sí y beneficiosa para la humanidad.

# La ciencia pierde una
# mente privilegiada

Falleció un sabio mexicano

En un rincón de nuestra Patria, durante muchos años vivió, consagrado a la Ciencia Pura, el eminente físico mexicano, profesor Mariano N. Ruiz.

Como auténtico investigador, forjó en su mente doctrinas sabias sobre la naturaleza del átomo y de los rayos cósmicos, saliendo de su pluma un libro docto en documentación, *Nueva Teoría Cósmica*.

Sin mayor repercusión en nuestro México que la informativa de los estudi osos de la Física y de la Matemática, esta obra no produjo mayor sensación que la de ser una aportación de un humilde sabio mexicano de provincia. La felicitación de Albert Einstein, el creador de la *Teoría de la Relatividad* y de la tesis sobre el Campo, vino a confirmar la hondura del libro y la penetrante visión científica del maestro Ruiz.

En días pasados dejó de existir tan insigne físico y la ciudad de Comitán se ha enlutado por tan sensible acontecimiento.

---

Si repasamos nuestra historia científica, descubrimos hombres de privilegiadas inteligencias que casi siempre han sido desconocidos en nuestra Patria y, sin embargo, admiramos en el extranjero. Francisco Díaz Covarrubias, Manuel Torres Torija, Sotero Prieto, Juan Mancilla y Río, continuando las trayectorias de especulación matemática de los Noriega, Tamborrel y otros; fueron ejemplo de honestidad en el trabajo y de humildad en su existencia. A pesar de sus valores, sus obras se han perdido o están olvidadas, y su memoria ha desaparecido. Ciertamente, somos antorchas para los sabios allende nuestras fronteras, y esto nos honra; pero no tenemos la voluntad salvadora y justa para estimar nuestros propios valores. En la provincia lo mismo que en la capital hay pensamientos profundos que han sabido llegar a todos los senderos de la Filosofía, del Arte y de la Ciencia; hay intuiciones geniales que, de haber sido suficientemente fortalecidas y divulgadas, habrían hecho más bien que muchas de nuestras representaciones diplomáticas o de nuestras visitas de cortesía al extranjero.

Allí, en esas mentes y en esos corazones está la Patria con sus aportaciones de pensamientos y emociones puros. Si la Alemania fue grande, no se debió a Federico de Prusia, sino a Bach, Beethoven, Goethe, Schiller. Si la Inglaterra ha llevado al esplendor su fama, no es por cierto la Reina Isabel la que la ennoblece, sino Purcell en sus deliciosas armonías, Shakespeare en sus dramas de penetrante finura psicológica y Newton, el forjador del orden científico del Cosmos; y si Francia señala la luz de la sabiduría es gracias a la línea pulida de Molière, a la fulguración del intelecto en Descartes, al descubrimiento de las fuerzas de la naturaleza en Lavoisier y en Madame Curie y a la expresión del barroco en la música clavicinista de Couperin y a la neblina armónica de Debussy, más que a la pretenciosa y soberbia actitud de Luis XV o de Napoleón Bonaparte.

México requiere la estimación de sus propios sabios, artistas y filósofos. Ellos perpetúan el acendramiento de la cultura señalada en el verso, la melodía, el trazo arquitectónico o escultural y en la pincelada; ellos saben descubrir, a la faz de la humanidad, nuestros conceptos sobre la vida y el Universo, llegando a pronunciar la palabra de significación en jun a conciencia íntima. Por último, ellos llevan la magnificencia del intelecto en la concepción científica para mostrarnos el maravilloso orden cósmico, la enorme potencialidad que guarda el microcosmos o un penetrante aprovechamiento de las fuerzas de la Naturaleza.

Todos ellos están forjando la Patria, con el sacrificio y la dignidad, pues al amparo de sus ideas nobles, surgen los libertadores como Hidalgo y Bolívar, los abnegados encausadores de las masas obreras, los maestros de la niñez y de la juventud; los hombres símbolos de bondad y serenidad,

Así, en este momento en que corporalmente desparece un sabio como lo fuera el maestro Mariano N. Ruiz, débase afirmar su prestigio dándole su nombre a un Centro de Enseñanza en el país; pero, sobre todo, débase oír la voz y atender el esfuerzo de nuestros intelectuales que no quisieran otra cosa sino la divulgación de sus pensamientos y el solo fomento, no de una riqueza personal, sino de una labor desinteresada.

Una oración fúnebre levanta la provincia y la Nación a un sabio muy poco conocido en su propia tierra natal, y muchas voces claman para que su memoria se conserve y perpetúe sirviendo como estímulo a una justa estimación de los valores nacionales.

# La bomba atómica y la conciencia del hombre

La desintegración de la materia ha traído al mundo la captación de una fuerza de proporciones inmensas. Todavía los rayos cósmicos no son aprovechados, pero llegará el tiempo en que esta fuerza llegue a ser contenida dentro del dominio de la voluntad humana.

La vida va adquiriendo más fuerza y el hombre va presentándose como un domador de los poderes cósmicos en una siniestra, y a la vez grandiosa imagen de inteligencia y de voluntad.

Pero el hombre no debe perder de vista que la conciencia de sus semejantes, que la virtud que le puede proporcionar el único sendero de paz y bienestar; no está en el saber de dominio, sino en ese otro saber de cultura y más aún, en el de salvación, en donde se forjan las idealidades más puras y se ilumina verdaderamente la existencia humana.

El discurso de Truman en la Universidad de Fordham hace referencia a este regreso al espíritu humano.

"Existe, cuando menos una defensa contra la bomba atómica, dicha defensa estriba en nuestro dominio de la ciencia de las relaciones humanas en toda la faz de la tierra. Es la defensa de la Tolerancia, la Comprensión, la Inteligencia, la Lealtad".

Con estas palabras se sigue la enseñanza que el presidente Roosevelt señalara en su conducta y en sus mensajes. "Debemos cultivar la ciencia de las relaciones humanas, es decir, la habilidad de todos los pueblos, de todas las clases, para vivir y trabajar unidos en un mismo mundo de paz". Tales eran las palabras repetidas constantemente de tan ilustre estadista.

El Presidente Truman las recuerda y las sigue en lo más profundo de su conducta. Quiere la tolerancia, la comprensión, la inteligencia y la lealtad como única defensa del poder que el hombre tiene en el sendero inacabado de la ciencia.

Por eso mismo termina ese famoso discurso diciendo:

"Cuando hayamos aprendido todas estas cosas, podremos demostrar que Hiroshima no es el fin de la civilización, sino el comienzo de un mundo nuevo y mejor. La educación debe renacer para que se cumpla esta nueva y apremiante tarea. Sé que la educación agostará el desafío. Debemos y podemos hacer de esta era atómica, la era de la paz, para mayor gloria de Dios y beneficio de la humanidad.

Palabras que deben convencer al mundo de que el hombre debe encontrarse a sí mismo. Pues, así como Proust trata de encontrar el tiempo perdido, así también el hombre moderno y actual debe tomarse el propósito máximo de descubrirse a sí mismo, de encontrarse a sí mismo y entonces el placer del espíritu le hará comprender su propio destino, y la vida se tornará floreciente en una vía de perfecta realización humana.

# La enseñanza triste de Europa

Con motivo de la invasión de Bélgica y
Holanda por las huestes nazistas.

Europa, la forjadora de la cultura occidental, la que en lejanos tiempos floreciera con la filosofía y el arte del Ática, la construcción y el Derecho Romanos, el ventanal gótico y la profundidad del espíritu medioevales, la ciencia y el arte renacentista y las lucubraciones del pensamiento y la expresión estética de la época moderna, a través del sutil y profundo pensamiento germano, o de la delicada sensibilidad latina; presenta en el momento actual un ejemplo verdaderamente notable por su crueldad.

El amor que entonara en frases pulidas el divino Platón, elevara envuelto en religiosidad el filósofo africano, Agustín de Tagaste, rememorara en Canto Llano la espiritual Edad Media o adquiriera su apoteosis a través de la poesía de Milton y la concepción sinfónica de Beethoven; vése renegado por el imperialismo brutal del dictador alemán que mancha el prestigio que adquiriera Alemania con el crimen lesa humanidad.

Todos alzamos nuestra voz contra esa actitud que Nietzsche, a través del *Así habló Zaratustra*, pregonara pidiendo la paz para la guerra. Porque miles de hombres inocentes, mujeres, ancianos y niños, están siendo inmolados por el zarpazo de la ambición y el desenfreno de las pasiones más viles.

Bélgica, esa noble y digna nación que durante los Carlovingios se convirtiera en uno de los pedestales de la civilización romano-germánica; en 1830 diera el grito de libertad siguiendo el ejemplo de la Revolución Francesa y ahora nos embriaga de bellezas a través de sus exquisitos poetas como Rodenbach, Verhaeren y Maeterlinck, éste último con la delicadeza mística que supiera aprovechar en melodías de profundo arrobamiento Debussy, vése ahora ensangrentada por la metralla de un sistema gubernamental bárbaro.

A la injusticia cometida en este momento en el país del exquisito pintor Antoine Wiertz, se sucede una crueldad más, la invasión de Holanda que supo arrojar de su suelo a los invasores hispanos, a fines del siglo XVI, tuvo apogeo su sistema republicano en el siglo XVII y, a principios del siglo XIX se le unía a Bélgica bajo el reino de los Países Bajos para después quedar independiente y continuar su derrotero hasta la actual reina Guillermina. Holanda que supo del humanismo del Renacimiento con Dirck Volckertszoon, y tuvo al comenzar el siglo XVII el enorme autor dramático Joost van den Vondel, y más tarde al creador de la pureza de la lengua, Huygens; y que recuerda los lienzos luminosos y sublimes de Rembrandt, los retratos penetrantes de Frans Hals y toda la obra de la escuela paisajista del siglo XVII; esa Holanda que tuviera al formidable pensador y filósofo Benito Baruch Spinoza, el más profundo investigador de la esencia divina, vése hollada por la fuerza brutal del imperialismo germano.

¿Y qué diremos de Polonia, patria de Chopin, y de Noruega, tierra de Ibsen y Selma Lagerlöff, de Checoslovaquia, madre de Masaryk el filósofo salvador de una patria, de Austria cuna de Mozart y de las demás naciones débiles que han sido holladas por la barbarie nazista incluyendo a la misma España, cristiana, campo de experimentación para matar hombres?

¿Es posible que la patria de un Goethe se deshonre con la fiereza de una guerra de exterminio como la que se está llevando a cabo? ¿Qué podemos decir del pueblo que viera nacer entre los suyos al más profundo canto de los tiempos: Johan Sebastian Bach, a los más connotados filósofos encabezados por Fichte, el que ennobleció el concepto de libertad, Kant, el que elevó himnos al deber moral y Scheller, el que ahondó el sentido de la personalidad culta y comprendió mejor el conocimiento de salvación?

Nada justifica el atropello cometido por hombres que nunca han oído y comprendido los cantos líricos de Klopstock, las plegarias de Haendel, los arrebatos humanitarios de Beethoven, los pensamientos filosóficos de Schelling y la exquisita religiosidad de Einstein, digno portaestandarte de la ciencia de Keplero.

No cabe duda que la época actual ha perdido su propio sentido histórico, se ha olvidado la moral que había significado al hombre en todos sus actos de responsabilidad y estamos envueltos en el espejismo de los ataques relámpagos que no son otra cosa que el imperio de la barbarie y del deshonor.

La América estima que todavía hay un refugio de la fe en la regeneración de la humanidad, no consistente en la oración, sino en la prédica por el obrar, en el sacrificio por el ejemplo.

A la mujer latinoamericana que todavía late en su corazón la voz de la dignidad de la mujer, resplandece en su pecho el honor de que hablara la reina doña María a través de la pluma del inmenso Tirso de Molina en la exquisita obra dramática *La Prudencia en la Mujer*: a vosotras, mujeres latinoamericanas, que sentís la revolución justa y verdadera para la redención de las clases oprimidas y no os avergonzáis de llevar vuestra protesta contra las infamias del imperialismo, cualquiera que sea éste: os mando el mensaje de rebelión en favor de la justicia para que sea oído en momentos en que sólo parecen dominar la muerte, la blasfemia y la perdición originadas por el desacato de dictadores que han visto en la metralla la única razón de la historia y existencia de la humanidad.

Y a todos los hombres dirigimos nuestro clamor de protesta y a la vez nuestra esperanza de resurgimiento espiritual, ante los ayes de dolor que madres, esposas, hijas, ancianos y niños de los pueblos débiles en armamentos, pero fuertes en justicia y bondad, están haciendo oír en todos los ámbitos de la tierra. Unámonos hombres y mujeres del mundo para que nuestra voz y nuestra acción lleven el fuego de Nuestros Corazones, y sea la espada de la justicia que caiga sobre los soberbios e infames dictadores que están manchando la historia de sus propios pueblos con la barbarie de la guerra y la acometividad a naciones indefensas.

Viena

# Europa y el Japón moderno

Conferencia sustentada en la "Nippon Cultural Federation" por L. de Hoyer. Traducción del inglés por el Dr. Adalberto García de Mendoza.

Bajo ningún concepto es mi intención, contribuir en algo nuevo en esta distinguida audiencia acerca de las cosas en Japón, ni en su filosofía, ética, estética, mucho menos podría aventurarme a arrojar nueva luz en la presente situación política. Vine aquí a estudiar, no a dar conferencias. Mi único propósito al aceptar la invitación de la "Nippon Cultural Federation", es el de participarles a ustedes algunas de las impresiones frescas que he reunido aquí, después de una ausencia prolongada de siete años.

Todo ha envejecido considerablemente durante los últimos veinte años. Todos hemos acumulado muchas impresiones tristes, y pasado por pruebas difíciles. Aún más, todos tenemos, pienso, una convicción clara que, si el mundo civilizado desea continuar viviendo debe pasar una página nueva. Todo el mundo tiene la certeza de que fue la guerra mundial la que transformó las cosas y que la guerra fue la causa de nuestras dificultades actuales. Esta idea es justa. Sin embargo, me gustaría formular esta misma concepción, en una forma más precisa y determinada.

La verdad es que nosotros no podemos derramar la sangre de cientos de millones de seres humanos impunemente. Si esto parece necesario hacerlo, entonces debe haber un castigo y debe ser así porque la ley universal del equilibrio gobierna el mundo. El castigo por estos pecados o incapacidad de aquellos responsables por semejante carnicería, debe dar por resultado: mejoramiento radical de más moralidad pública, integridad política, honradez financiera y revaloración de todas las realidades espirituales de la humanidad. Pero este cambio no ha sido eventual. Ustedes están libres para interpretar mis palabras en un sentido literal o simbólico, cuando digo que la sangre de miles de inocentes víctimas está gritando, y que nada se ha hecho en Europa para apaciguar esta demanda. Y lo que más es de sentirse es que aquellos países que salieron victoriosos en la lucha, aquellos que estuvieron en una posición más fuerte y saludable, pensaron que sería posible continuar viviendo como si nada hubiera ocurrido, como si todos sus antiguos ídolos estuviesen aun viviendo y no machacados en pedazos en el cataclismo universal; como si una limpia radical de todos sus sistemas de gobierno, una reforma completa de todas sus ideologías no hubiera sido para ellos, un asunto de vida o muerte. Y pareció que por otra parte, aquellos países que resultaron vencidos en la lucha o aquellos que permanecieron insatisfechos con el resultado de la victoria, demostraron ser más responsables y estorbaron su verdadera renovación. Mientras los victoriosos se intoxicaban con una prosperidad no común, trabajaron con un frenesí ciego, una mezquindad inflexible para traer la presente crisis económica; los vencidos trataban de arrebatar al toro los cuernos y acometer a su principal enemigo, quien ellos pensaron, habían entendido mal la democracia e individualismo hipertrofiado comunismo, hitlerismo y fascismo que son diferentes aspectos de la misma reacción en contra de un liberalismo frío, individualismo bestial, capitalismo arrogante y parlamentarismo viciado. Esta es principalmente una reacción en contra de los parásitos que se han levantado entre el gobernante y el gobernado. El problema de la democracia se discute ahora diariamente, y esto quiere significar el esfuerzo de crear un milagro o, en otras palabras, revivir un cadáver.

La democracia tuvo su oportunidad hace más de cien años y demostró ser un fracaso. No porque haya algo de malo en la idea fundamental de democracia, sino porque la verdad es que la gente en el presente estado de individualismo civil y moral, no está capacitada para llevarla a cabo. No hay que maravillarse porque esto sea así, ya que todo lo que ha sido posible se ha hecho para matar todo germen de aspiración superior y únicamente tener una útil posición social y una buena cuenta en el banco. Esto es el por qué, los resultados de la democracia son tiranías de las mayorías, gobierno despótico de las grandes compañías y cuerpos incorporados a todas las industrias, venalidad y ostensible inestabilidad. Como lo fijó Lorenzo Lowell, "las mezquindades socializadas son peores que las personales". Más tarde hemos visto cuerpos representativos votar casi unánimemente por una ley que pocos años más tarde repelieron con la misma y aplastante mayoría. Formularse mi idea en pocas palabras: El gobierno democrático no ha podido levantar en el pueblo el sentimiento de la primacía de un bienestar general. Por otra parte, la democracia ha hecho bastante filantropía, igualdad ante la ley, educación, etc. Sus fracasos, en mi opinión, son principalmente debidos a postulados filosóficos falsos, aunque nobles. El gobierno constitucional parlamentario es un racionalismo infantil. Los filósofos del siglo XVIII, trabajaron bajo la creencia de que cada ser humano está dotado con igualdad apriorística que la naturaleza concede a todos por igual, así como los rayos benéficos del sol brillan sobre todos. Estas ideas generosas son falsas. Desde aquel entonces, la ciencia ha progresado considerablemente en los campos de la psicología, etnología y sociología, y hemos llegado a la conclusión que existe desigualdad en todas las partes de la naturaleza, y que un hombre no es equivalente a otro. Las deducciones lógicas que provienen de aquellas bases filosóficas erróneas, nos han conducido a conceder iguales derechos a hombres desiguales. De aquí que mayorías rudas han aplastado a minorías cultivadas.

El racionalismo ha anulado la misión cultural. Ahora el gran error, poco común, consiste en suponer que es cuestión de gusto escoger entre la democracia y la autocracia, y que la gente tiene que vivir, o bajo el despotismo de un gobernante inconsciente, o someterse a la tiranía de una mayoría medianamente educada. Este mal entendimiento puede decirse que es la causa de la enfermedad. No elección, sino selección es la que debe gobernar al país. El número de los seleccionados no importa.

Hemos visto en el curso de la historia, sanas democracias, aristocracias brillantes y oligarquías prósperas. Debe tenerse en la mente un asunto importante. Un buen gobierno no es aquel que construye ferrocarriles, abre muchas escuelas, elabora un ejército fuerte y una marina eficiente, hace alianzas diplomáticas y negocia tratados comerciales favorables; el único gobierno que merece ser llamado bueno, es el que es capaz de educar al pueblo con ideas elevadas y nobles de sacrificio propio y abnegación, inculcarle respeto, asimismo, dependencia propia, honestidad tal gobierno, no ejerce <u>fuerza</u>, sino <u>autoridad</u>. La fuerza engendra miedo, la autoridad llama la estimación. ¿Cómo puede un país ser gobernado eficientemente por hombres que no inspiran sentimiento de respeto entre sus conciudadanos? En el presente, cuando en París el nombre de un diputado es mencionado en una revista o aun cuando algo se dice acerca de la Cámara, se provoca hilaridad general inmediatamente.

Si miramos a la historia del mundo, nos parece ver olas invisibles que barren sobre nosotros. Por cien años, o aún menos, nos hemos empeñado por adquirir la democracia, y ahora deseamos otra vez un gobierno centralizado; hace unas cuantas décadas podíamos darle la bienvenida al gobierno de una oligarquía, plutocracia o aristocracia, hasta que una ola nueva vino de lo indefinido y borró todas estas ilusiones. Individualismo, nacionalismo, colectivismo, se suceden uno detrás de otro. Todas estas formas de gobierno son buenas, sin ellos corresponden a los gustos y deseos temporales del pueblo, y si cumplen su única misión que consiste en inspirar respeto a su autoridad y encauzar a la humanidad sobre nuevos horizontes de verdad y rectitud. Es bueno que el deseo y las aspiraciones del pueblo cambien, y con ellos las formas de gobierno. La democracia en Atenas condujo a la lucha, inestabilidad y finalmente a la ruina, pero produjo el arte más hermoso, tragedias inmortales y filósofos de conocimientos profundos. En Francia la Autocracia fue testigo del hermoso desenvolvimiento de la literatura clásica, maravillosa arquitectura y estilos, y de la Filosofía de Pascal y Descartes. La caída de Alemania a principios del siglo pasado fue, en forma única, la época de Goethe, Schiller, Kant, Beethoven y Mozart. Se duda si el valor intrínseco de una época debe apreciarse por sus hombres de estado y generales, o por sus humanistas, pensadores y artistas. Si la humanidad tuviera que dar su voto ahora, ¿escogería al general en la victoria de Salamis o votaría por el creador de la victoria de Samotracia, famosa estatua de un artista desconocido, ahora conservada en el Louvre? Grandes hombres solamente aparecen en una nación cuando ésta alimenta grandes ideales, aun cuando estos ídolos del momento tienen que arrojarse un siglo después. Pero cuando se extingue la flama en el alma del hombre, no puede crear algo que ilumine o dure. Esto es así porque el hombre está destinado a desarrollar más allá su propia personalidad, a trascender en su individualidad y a sacrificarse libre y gustosa ente en el altar de la humanidad, pues el hombre es la transición entre la naturaleza cambiante y la eternidad.

# Vocación de periodista

"El periodista debe ser un liberal sembrador que arroje a los vientos la semilla del bien y de la justicia, que ya con ello es bastante". Palabras de José Pérez Moreno, que en representación de *El Universal* pronunciara en una bella conferencia organizada por la Universidad Autónoma de México.

Esparcir la semilla del bien y de la justicia, es la más noble de todas las actividades. El pensamiento profundo del filósofo muchas veces queda en la cámara esotérica del libro o de la tesis; la penetrante visión poética sólo se percibe en quien sabe del deleite del ritmo, de la rima y de las imágenes. El sentido de la verdad científica llega a la mente preparada; en cambio la nota del reportero, el estilete orientador del editorialista, el relato perspicaz del cronista, sabe internarse en la vida, en la mente y en el corazón de todos los hombres. Bella frase la de Pérez Moreno que representa la idea fiel, y a la vez la expresión exquisita. Sembradores del bien se requieren más que nunca en este momento en que las multitudes reclaman sentimientos nuevos para sus conciencias. Sembradores de justicia, es el clamar de todos los seres humanos en instantes supremos de angustia por la crueldad de la guerra y el exterminio de la equidad.

El periodismo reemplazará, tarde o temprano, la doctrina reservada a los pocos y a los escogidos. Será el orientador de nuevas rutas. Tendrá el poder de ser el que deposite en cada cerebro el pensamiento nuevo, y en cada corazón la esperanza y el amor.

El periodismo, como la radio y el cinematógrafo, están llegando más profundamente al espíritu de los pueblos. Una palabra de Churchill, reproducida en los diarios, enciende una antorcha de pesimismo o de esperanza. Un discurso transmitido por la radio de Einstein hace vibrar a todos los cerebros en aliento de superación. Una visión cuya audición cinematográfica conmueve los corazones y explica las virtudes y flaquezas que tuviera el romántico de la música: Chopin.

Tres fuerzas enormes. Tres sembradores de la virtud, y desgraciadamente también de la maldad.

Con toda justicia podemos aplicar al periodismo el contenido del verso alado de Schiller, que quiere sembradores del bien para hacer fructificar en el futuro las ideas de eternidad:

## DER SÄMANN

"Siehe, voll Hoffmung vertraust du der Erde
den goldeneuen samen
Und erwartest im Lenz Fröhlich die Keimende
Saat.
Nur in die Furche der Zeit bedenkst du sich
Thaten zu strensen,
Die, von der Wesheit, gesat atill für die
Ewigkeit Blühn?

## EL SEMBRADOR

"Confiado en tierra los dorados granos
por verlos, a su tiempo, germinar;
¿y al surco espiritual dan tus manos
actos de tal prudencia que, lozanos,
germinen para ti en la eternidad?"

# RABINDRANATH TAGORE

Oración a lo eterno. Tagore ha muerto y su recuerdo nace en el incienso de sus palabras.

"El hombre superior nace niño; y cuando muere, le da su niñez grande al mundo"

Ciertamente, da su niñez grande e inmensa al mundo; su ingenuidad, su latido de corazón, su canción al Universo. En él se realizó su pensamiento:

"Para quien sabe amar, el Mundo se quita su careta de infinito. Se hace tan pequeño como una canción, como un beso de lo eterno".

Realidad del amor que es pequeña como un capullo y tiene el poder de un océano, de una montaña o de una tormenta.

Realidad del amor que lleva en la gota de rocío el suspiro intento de un anhelo que ha de liberar a los hombres plañe la oración de la serenidad estelar y recibe el fuego sagrado de la creación.

Su palabra vino a nosotros como los "Pájaros perdidos de verano vienen a nuestras ventanas, cantan y se van volando"; "y la guerra cruel, y el sufrimiento que desespera y la ingratitud que hiere, han quedado en ella como las hojas amarillas de otoño, que no saben cantar, aletean y caen en un suspiro".

Pero llegará el tiempo en que el dolor que su pérdida causa se torne tranquilidad "como el anochecer entre los árboles silenciosos; nuestra pena, callándose, callándose se irá haciendo paz en nuestro corazón". Porque para el hombre "el misterio de la vida es tan grande como la sombra en la noche. La ilusión de la sabiduría es como la niebla del amanecer".

Todo tiene una realidad en la infinitud. "No temáis nunca al instante, dice la voz de lo eterno". Tal es la significación del Canto del Señor en la epopeya del Ganges. Tagore bebió su propio vino y quiso que bebiéramos de el en su propio vaso, para escanciarlo hasta las últimas gotas. "Amigo bebe mi vino en mi propio vaso, que, echado en el de otro, pierde su flor y su espuma". Fue como el canto de la Cascada "aunque una poca de su agua basta al sediento ¡con que alegría se la regala toda!"

"Hay belleza en su mente como lo hubo en su vida. Fiel a su palabra se cumplió el destino" "sea hermosa la vida como la flor de verano, hermosa la muerte como la hoja de otoño".

Por eso mismo se sentía libre de toda liga y en pájaro perdido exclamaba: "¡pensó en otras edades, que flotaron también sobre el río de la vida, del amor y de la muerte, y se olvidarán luego. . .! Y que libre me siento en el morir". Pero sabía que "cuando el día cae, la noche besa y le dice al oído: soy tu madre la muerte, y te he de dar nueva vida"; y ahora tiene su ilusión realizada pues "Cuando se iba y venía, sin irse, ¡que cansancio le daba camino! Pero ahora que le llevas a todas partes, son como dos enamorados"

Iglesia abacial, vista del altar mayor (hacia el este)

Abadía del Monasterio Benedictino en Einsiedeln, Suiza

# COLOFÓN

## a) La Enseñanza Humanista. Ideal del Presente

Ahora me dirijo a mis muy finos amiguitos para decirles:

Vivís un instante cultural de tal complejidad que se impone la necesidad de reflexionarlo, no para detener su movimiento, sino para continuarlo en una forma más intensa pero también mejor encausada.

A vuestro alrededor revolotean las tendencias filosóficas más diversas, el imperio de la técnica, el asombroso descubrimiento de la ciencia; pero también un mundo que fatalmente se desliza en la pendiente hacia la guerra y destrucción.

Si algún momento hay de reflexión en esa vitalidad que brota de vuestros cuerpos y de vuestras almas, y nos preguntáis "La enseñanza que nos entregáis, los más bellos dominios del arte que también nos ofrecéis, los pensamientos más profundos de hombres que han meditado sobre lo que es el hombre y las más sorprendentes máquinas para utilizar la fuerza, ¿Nos los habéis ofrecido como un encantamiento para una vida perdida en un sendero de desolación y de exterminio?"

Pero en cambio, preguntaremos a vosotros, antes de contestar vuestra pregunta:

¿El ventanal gótico que lleva esplendor de colores y magnificencia de formas, no es un aliciente para nuestras vidas en el sendero de la perfección de las formas y de los colores? La placidez de la columna y del arquitrabe en un templo griego, ¿no es, acaso, la invitación a la serenidad y al equilibrio espiritual? La locura de Hamlet en el verso pulido y hermosísimo de Shakespeare, ¿no es acaso, también el repudio de la maldad y de las palabras superfluas? La vanidad de la vida mundanal en el poema *Fausto* de Goethe, ¿no viene siendo el instante en que el hombre se desvía del sendero de la vida y se anega en las pasiones sin freno alguno?

Preguntas de esta naturaleza a millares tenemos que hacerlas, me diréis ¡oh jóvenes! no como algo que alienta y fortalezca nuestras enseñanzas, sino como un reproche, el más cruel a nuestras vanidades.

Si os damos en nuestras cátedras en las grandes Universidades y Liceos, en los grandes centros de cultura, la nota que desde hace mucho tiempo se ha ido forjando para la dignidad humana, tenemos la obligación de mantener nuestra palabra y haceros ver que no en vano la catedral gótica es una oración a la divinidad; la tragedia de Shakespeare es la más penetrante visión de las pasiones y noblezas humanas; el poema de Goethe llega a su término en ese anhelo de captación de las esencias tratando de coordinar la serenidad helénica con el profundo desborde de vitalidad del Cristianismo; y todo pensamiento de nobleza, es una luz que en el horizonte de la conciencia humana ha de florecer para guiar los pasos de la juventud, ahora como siempre.

Estáis viendo una enorme tragedia de la humanidad. Ambiciones desenfrenadas están llevando a los pueblos a la iniquidad de la guerra, con ello al sacrificio de vidas humanas y a la destrucción de esos momentos de arte que, no han sido otra cosa, más que exclamación de corazones bien forjados que han levantado su voz en cantos a la fraternidad y a la felicidad espirituales.

Estáis en un mundo que debe deciros algo más que la técnica sin un sentimiento de moralidad superior; pues sin una finalidad de ennoblecimiento es el arma más peligrosa que el hombre blande y que puede destruirle su propio ser; vivió en una humanidad cuyo pensamiento filosófico sin aliciente para la vida y un desprecio para las bajas pasiones, viene siendo el veneno que llegue a destruir toda aspiración y dignificación de la existencia humana.

Vuestra vida a veces se deslumbra ante la mirada de espejismos y relámpagos que no son capaces de descubrir la realidad, ni la lluvia fertilizante. Vuestra imaginación a veces no siente el poder de los ensueños que alientan las esperanzas y los esfuerzos, sino que sólo sirve para sumergirse en las más vanas pretensiones y en las conquistas sin el trabajo suficiente y la dignidad de vuestros espíritus.

Durante la guerra, las Universidades y los colegios tuvieron la consigna de alentar la técnica bélica, hallar en la juventud las ideas cuya cumbre fuera el hallazgo de los instrumentos más mortíferos y las substancias y desintegraciones más completas. Ha pasado la época álgida de esa guerra, aún se conservan los rescoldos de esa hornaza, y ya las más grandes Universidades de Inglaterra, de Estados Unidos y de otras naciones, han pasado la palabra secreta y esta es: "Trabajad por forjad en la juventud un sentido humanista alentando en sus estudios, más la dignificación moral, justa y bella, que la apetencia de dominio por medio de la fuerza".

Y en esta divisa, se trata de encauzar a la juventud por un nuevo sendero: el forjar hombres que sientan la plenitud de sus fuerzas espirituales tan hondamente como sean capaces de interpretar su propia existencia. Jóvenes y hombres maduros deben sentir que la plenitud de la vida no está en la muerte, sino en la vida misma. Pero en esa vida que el hombre tiene en los instantes de una felicidad sana y candorosa, una alegría radiante de bondad, de una contemplación de belleza y de un sentimiento de fuerza que ha sido el sostén de la armonía del Universo y en el alma, la plenitud de realizaciones.

Los aspectos humanistas que en este momento deben perfilarse en las escuelas que, como antesalas de las Universidades, encauzan a la juventud por las más serias y gozosas conquistas de la mente y del corazón humanos, se perfilan con la aceptación del estudio de las Lenguas Clásicas como el latín, el griego; de la Filosofía en sus más profundos expositores de Moral y de Política; de la Ciencia con fundamentación del dominio de la energía y del Arte con propósitos de ennoblecimiento.

A primera vista puede presentarse las siguientes argumentaciones, como una réplica a esta tendencia:

¿Pero siendo la ciencia el dominio de la naturaleza, puede exigirse en ella la participación del sentimiento bondadoso? ¿No es ella sólo del dominio de la inteligencia y de la técnica? El descubrimiento de una nueva sustancia, el hallazgo de la desintegración de la energía, la captación de las particularidades de la vida, la visión maravillosa de galaxias a través de telescopios potentísimos, ¿Tienen que ver todos estos hallazgos con el sentimiento ético que el hombre tiene frente a sus semejantes y aún frente a sí mismo?

El arte es expresión de las formas proporcionadas, de anhelos de luz y de profundidad de obscuridades, de armonías de colores y de sonidos, de sublimes movimientos y exquisitos instantes de serenidad y dinamismo. Y sobre esta base ¿cómo puede hablarse de una moral, de una religiosidad en el momento mismo en que Picasso tiende a expresar en figuras superpuestas el dinamismo de la vida contemporánea; Gauguin señala en símbolos sus ideas estéticas sobre la belleza de la Polinesia; Stravinski aprovecha los ritmos para significar el contenido y la placidez de las danzas sagradas más antiguas; Proust ahonda el misterio de la subsconsciencia; los escultores modernos llevan la simplicidad de la forma esculpida en mármoles y reproducida en bronces; los arquitectos nos están diciendo las más profundas realidades de una vida que está aprovechando la luz, el aire y todo lo que la naturaleza entrega para bien del cuerpo humano; la danza, otro arte magnífico, no trata de ser etéreo, sino de llegar a lasa más simples realidades palpando la felicidad y la tragedia de los fondos sociales?

¿Cómo puede desecharse una filosofía, como el Existencialismo, cuya virtud máxima es mostrarnos esa realidad sangrante, cruel, atormentada de la Europa contemporánea a través de esa asquerosidad que se llama *La Náusea*? ¿No ya es tiempo de desechar los idealismos que sólo han alentado las vanas lucubraciones sobre la vida y el Universo?

¿Qué objeto tiene la lectura de los clásicos como Homero y Esquilo, Demóstenes y Cicerón, Dante y Kempis, Milton y Tennyson; ya que nos puede bastar una novela fácil de costumbres licenciosas o de realidades vulgares?

Frente a estas interrogaciones que no vienen siendo más que la consecuencia de un desvío de la conciencia humana, la nueva escuela del futuro se propone forjar jóvenes no sólo de un cuerpo vigoroso, de rostros en donde se ven la plenitud de la vida y la alegría por el vivir, sino, fundamentalmente de crear nuevas visiones del Universo, nuevas concepciones de la existencia, más llenas de contenido vital, nobleza y armonía espirituales.

Para lograr esto, que no es una fácil tarea, hay que llegar al corazón que está en vuestros pechos, hay que alentar el fluir de vuestros pensamientos, hay que encauzar vuestras voluntades y sentimientos; y entonces habremos forjado un mundo de comprensión internacional en que todos los hombres sepamos el por qué de nuestra vida y repudiemos el para qué de la guerra esclavizadora y anuladora de lo más hondo y más noble que existe en la humanidad.

## b) Papel de la enseñanza científica en el desarrollo cultural de la juventud.

Nuestras palabras anteriores han hecho hincapié en que desde hace mucho tiempo se han venido afirmando que la ciencia no tiene que ver nada con la moral. Hemos tratado de demostrar la falsedad de dicha tesis, primero por una argumentación de tipo estrictamente filosófico, y en segundo término por sus nefastas consecuencias.

La consciencia de la juventud debe tener firme este principio: todas las formas integrantes de la cultura tienen por base firme a la moral. Y es porque ésta señala en sus postulados el recto "sentido" de la existencia, la plenitud de una auténtica actitud espiritual para llegar, no sólo al descubrimiento de la conciencia del pensamiento y la realidad, sino la total actividad del hombre como artista, como filósofo y como científico.

¿Por qué el hombre de poderoso pensamiento, que descubre la sustancia más mortífera para la humanidad, debe ocultar su hallazgo mientras no existan seres capaces de una responsabilidad humanitaria y de una conciencia moral? ¿Por qué el hombre de profundos conocimientos científicos debe saber que la divulgación de sus descubrimientos deben estar amparados por principios que salen de la ciencia para llegar al dominio de la vida y del espíritu? Por una razón fundamental: porque la humanidad exige en todo momento paz, felicidad, salud, fincadas con la virtud y la verdadera sabiduría.

Claro es que la acumulación de energía podrá resolver problemas difíciles en el campo de la técnica, pero entonces esta poderosa fuerza jamás empleará para destrucción de la humanidad, sino que se le controlará para que, a un mayor adelanto de la propia ciencia, llegue a ser encauzada en obras de beneficio común. Así también los pensamientos negativos a la existencia pueden ser el resultado de descubrimientos de los bajos fondos de la existencia, entonces el filósofo no debe exaltarlos, sino al contrario, dar las ideas liberadoras de semejantes negatividades y pugnar porque la conciencia, sobre todo de la juventud, esté llena de optimismo y sepa encontrar en su fondo los deleites supremos de la belleza, de la sabiduría y de la santidad.

Pero para lograr este gran panorama en el espíritu de la juventud, en necesario que los maestros seamos conscientes de su propia enseñanza y más aún de la responsabilidad que entraña esta actividad en la vida futura de la humanidad, que, a su vez, los jóvenes estudiantes sepan alejar toda idea que trate de nulificar la existencia humana y las virtudes más exquisitas que la Historia nos entrega, con un corazón valiente, con un alma pura, y con una visión desprovista de malas intenciones. Todos debemos adelantarnos en el progreso de la humanidad, no para descubrir materias mortíferas ni ideas y teorías nulificadoras, sino para elevar un himno de salud espiritual sobre las bases más hondas de una conciencia humanitaria.

Tanto maestros como jóvenes debemos sentir la fraternidad en primer término y la libertad consiente y responsable, con el objeto de lograr una vida placentera en el dominio más alto de lo espiritual. Tenemos derecho a esta conquista y momento a momento debemos lograrla tratando de descubrir la bondad de un conocimiento nuevo, la bondad de una expresión de la belleza, la bondad de un acto justo y de una oración.

Wurzburg Residence, Alemania

# Glosando a San Martín

"Virtus est ordo amoris"
"La virtud es el orden en el amor"
Cuanta verdad en tan pocas palabras. Por el verdadero amor
puédese llegar a la esencia de las cosas realizando la naturaleza
íntima del espíritu. Sólo por el amor puédese llegar al auténtico
conocimiento. La realidad sólo se da a la mirada del amante. El
Eros Uranious es el sendero de la intuición profunda que entrega
saber y belleza, bondad y justicia.

Y la virtud nace de esta fuente, en un ordenamiento
armonioso, en una perenne afirmación ordenatriz.

"Deus ordine saecolorum tanquam pulcherrimum
carmen ex quibusdam autithetia honestavit"

Si, ciertamente: el orden de las edades es una serie de
contrastes como acabada poesía.

El universo y el espíritu son la síntesis de opuestos que hacen
palpable el esfuerzo y la resistencia, la virtud y la maldad. Pero,
para ser mundo es necesario que esta serie de contrastes se pula
en la belleza del arte; para ser espíritu se exige que todo se
manifieste en acabada poesía.

No sólo orden en un encadenamiento muerto y desprovisto de hermosura. No sólo orden en un desprendimiento y alejamiento del sentimiento amoroso. No sólo orden en un contraste perpetuo de contradictorios. Es el orden ajustado al ritmo de los contrastes. Es el orden del mismo amor. Es, en una palabra, el orden de las edades como acabada poesía.

Ciertamente Agustín de Hipona llega al pináculo de la serenidad helénica con el arrebato supremo de las charitas cristiana. Por eso mismo lo vemos exclamar constantemente:

"Todo lo ordenado es bello"
"Nihil enim est ordinatum quod non sib pulchrum"

Con razón las sobrias ebrietas que cantan las catedrales góticas contienen la esencia de las palabras agustinianas que llevan ebriedad de espíritu en una justa realización armónica con la serena contemplación del orden universal.

Marzo de 1946

# LA TELEVISIÓN EN LA FUTURA ENSEÑANZA

Procedente de los Ángeles, California, ha llegado a México el famoso inventor de la televisión, Sr. Lee De Forest. Su plan es el de establecer en México la primera fábrica de aparatos de televisión para la América Latina. El capital inicial de inversión será de tres millones de dólares.

Tal es el acontecimiento que despertará, indudablemente, las más hondas congratulaciones por el grado que tiene para el porvenir de la cultura, y especialmente de la enseñanza.

La televisión es uno de los inventos más notables de nuestro tiempo. Sus principios los encontramos en la segunda mitad del siglo XIX y de una manera definitiva en el año de 1929 en que Baird presentó ante el público su primer aparato. Antes De Forest había logrado un completo éxito con el empleo de la maravillosa lámpara de Tríodo.

Es indudable que sabios de todos los países estuvieran siempre atentos a la realización de esta idea. Fournier y Rignoux en Francia, Rosing en Rusia, Knudsen en Dinamarca, Korn en Alemania, Szczepanik en Austria y después Milhay, Jenkins, Karolus y otros varios sabios y eminentes físicos, fueron los precursores de lo que debería de realizarse el 8 de febrero de 1928 cuando Baird consiguió la transmisión de imágenes que, pasando el Atlántico, eran recibidas en Nueva York.

Ciertamente la historia de la televisión se inicia en el momento en que se descubre el Selenio por el notable químico Berzelius. Desde aquella fecha memorable de principios del siglo pasado, se van haciendo experimentos en que se descubre la conductibilidad del Selenio, la variación de su resistencia eléctrica con la luz, la construcción de la primera célula, la invención del telestroscopio con 2,500 células de Selenio y 2,500 conductores accionados por un conmutador. Se adapta después un receptor con lámparas incandescentes y se logra experimentar el disco giratorio con lentes para analizar la figura. Sucesivamente se descubre la célula fotoeléctrica, los aparatos sintonizadores, el empleo del diodo, hasta que De Forest emplea su famoso tríodo en 1906.

Más tarde se emplean aparatos con 1000 células de Selenio, y en 1920 se hace la demostración pública de televisión con radioondas y con receptores autosincronizantes hasta llegar el momento actual en que se establecen definitivamente las primeras estaciones emisoras de televisión.

El Selenio sirve para transformar la energía luminosa en eléctrica, por lo que se ha llamado el ojo eléctrico. Por medio de una acción combinada en espejos se logra que la imagen penetre en zigzag por la hendidura de la célula de Selenio. La variación de iluminación determina diferentes efectos en aparatos electro-receptores. El invento de televisores, transmisores, receptores y otros aparatos para lograr la televisión, da lugar a la más notable conquista en este arte.

Para la traducción de la corriente en variaciones proporcionales de luminosidad, se han empleado lámparas Neón, Argón y aún de vapores de Mercurio. En una palabra, la realización de este invento supone la máxima expresión de lo que puede lograrse en el mundo maravilloso de la intelección y de la técnica.

Impulsar esta industria es una obra de mérito extraordinario, pues lograda la trasmisión auditiva y afirmada la visual, las enseñanzas elemental y superior se extenderán en el mundo como una aurora iluminando la conciencia de todos los hombres. Será un mensaje de paz y la más bella confirmación de fraternidad, que no viene siendo otra cosa, que un compendio de lo que el hombre representa en su naturaleza espiritual.

# LO QUE VIVE Y LO QUE PERMANECE EN LA BELLEZA

La enseñanza del arte en nuestras escuelas debe conducir al equilibrio de los sentimientos de la vida y de lo permanente. En síntesis suprema hay que transmitir la intuición de lo deviene y cambia, y a la vez el pensamiento de lo que permanece y tiende hacia la eternidad.

Una emoción profunda se tiene al contemplar la estatua de Moisés forjada por Miguel Ángel. Es una figura solemne, llena de vitalidad, pero pletórica de pensamiento. Adusta y firme, cambiante y reflexiva, sabe captar las características supremas de ese encauzador de la humanidad que supo adunar la ley moral que debe gobernar a todos los hombres en todas las épocas y la flexibilidad de la vida que acomoda situaciones a los imperativos de la historia.

La fuga en la mente sublime de Bach, acoge el movimiento más sorprendente y lo compendia en la forma perfecta. Modula con la fluidez de un arroyuelo en una pendiente, pero sabe llegar al acorde perfecto para dejar la sensación de algo terminado y a la vez infinito de un espacio lleno de contenido.

La Catedral Gótica entraña la afirmación a lo eterno en la ojiva, la penetrante sutileza de la fe en una irrealidad, y a la vez, el sentido vital de la existencia en las vastas y solemnes naves.

La palabra de Fausto es de la humanidad perpleja ante la vitalidad del amor y el destino férreo en las concepciones astrológicas de la Edad Media. La llama al espíritu de la tierra con el furor del creyente, pero también con la desesperación del hombre enclaustrado en el pensamiento.

Tiene la pasión de un amante, la incomprensión de una madre, posee la severidad del estilete frío de la razón, y al mismo tiempo la inquietud de la vida no realizada en su vivencia. Sabe el futuro fatal, pero anhela lo incierto, contingente y audaz. Penetra el arcano de las estrellas y requiere el suspiro de la pionía.

Máxima realización del arte en que la danza dionisiaca contrasta con el ritmo fatal de la muerte, la vida ardiente con la serena cadencia de una contemplación armoniosa.

La enseñanza del arte en todos los tiempos ofrece una fuente de vida a lo espiritual, pues señala las dos razones fundamentales de la existencia: la tiende a perpetuar el fluir de la vida, y la que señala la profunda voluntad del querer siempre, en el ser del espíritu.

# EL MAESTRO ANTONIO CASO HA MUERTO

Un hombre símbolo ha caído en la barca de que nos hablara Horacio:

"Omnes eoden cogimur; omnimun
Versatur urna; serius, ocius.
Ser exitura et nos in aeternum
Exilium impositure cymbae"

"Una ley común nos conduce a todos al mismo fin. Agitados por la mano de la suerte, en la terrible urna, tarde o temprano el nombre de cada uno saldrá, y la barca fatal nos conducirá desterrados a los lugares de los cuales nunca se vuelve"

El Maestro Caso se ha hecho historia. Porque "a la historia, lo decía en muchas ocasiones, no le incumben los hechos y los hombres mientras están siendo; pero en cambio, cuando dejan de ser, son suyos"

Pertenece a la historia porque fue y sigue siendo una unidad cultural magnífica, "un ser individual, concreto y real".

La historia lo toma al Maestro en su regazo porque siendo "imitación creadora, no invasión como el arte, ni síntesis abstracta como las ciencias, ni intuición de principios universales como la filosofía; sólo puede contener lo que es símbolo y simpatía universal".

Si estas conclusiones que él plasmara en su obra *El Concepto de la Historia Universal* son valederas para otros tiempos venturosos y para otros hombres creadores, ¿cómo no podrían aplicársele a él mismo? Maestro insigne, pensador preclaro, luchados del ideal infatigable, reencarnación de la idea que engendra la plenitud del espíritu.

Todos los corazones están latiendo con violencia en este instante en que se ha conocido su propia muerte. Todos decimos: un maestro menos; un pensador que se interna en la inmensa selva de los más exquisitos genios que la humanidad ha tenido; un clarividente que en su palabra y en su gesto llevara el palpitar de un mundo nuevo y el ejemplo viviente de una superación moral.

Todavía lo vemos en la cátedra elevando oraciones a Platón y a Aristóteles, haciéndonos amar a Hegel y a Bergson. La mirada penetrante. El gesto viril y noble. El ademán tan lleno de contenido, que, en muchas ocasiones, supimos que los mismos sordos entenderían la emoción y el contenido que lo embargaba y el pensamiento que era joya en la más bella dicción.

Ahora, inmóvil en la materia, surge, sin embargo, como un hechizo en el aura de nuestros sentimientos para compensar la tristeza de un mundo desorientado y, en cambio, darle el fulgor de una luz llena de vigor, pletóricos de contenido esotérico y exuberante de buenas promesas.

Ahora, más que nunca, la figura del Maestro Antonio Caso adquiere proporciones inmensas. Es el estandarte de un ideal humanista universitario. Es la antorcha de ese idealismo que se llama la democracia, confiado siempre en la voz latente de los hombres que poseen el sentido del honor y de la superación. Es, en este instante sagrado, el forjador de esa rebeldía prometeica frente a las fatalidades del destino y a las ingratitudes de los hombres.

Maestro Antonio Caso:

En tu honor levantamos la copa de la gratitud nacional y universal, escanciamos el licor que nos dejaras como la sangre misma de tu espíritu para el resurgimiento de nuestros ideales humanitarios y recordamos el pensamiento luminoso de la liturgia griega del Siglo IV, que cada mañana florecía como una esperanza frente a la pérdida del día anterior.

"¡Oh eterno, creador del hombre, tu nos has hecho de polvo y al polvo volveremos, de acuerdo con tu palabra: "eres tierra y a la tierra volverás!" Esta sentencia nos hiere a todos los hombres y, sin embargo, al llanto causado por la muerte, nosotros agregamos, por la fe, un cántico de alegría: ¡Aleluya!

Marzo de 1946

Torre de Pisa, Italia

# Elogioso certamen

Los Talleres Gráficos han lanzado una bellísima convocatoria invitando a todos los escritores residentes de la República Mexicana para escribir obras que serán publicadas en las mejores condiciones.

Este llamado es verdaderamente patriótico. Señala el comienzo de una labor eminentemente cultural, pues estimulará a nuestros intelectuales en su labor y fortalecerá la cultura de nuestro país.

Entre los datos que encontramos en la convocatoria, podemos señalar los siguientes:

1º. Se admiten obras de todos los géneros, novela, cuento, ciencias, técnica, pedagogía, filosofía, ensayo, folklore, historia, biografía, geografía, reportajes, viajes, crónicas, crítica, poesía y teatro.

2º. Los jurados serán seleccionados entre las personas de mayor capacidad.

3º. Cada dos meses será editada por el Comité Cultural de los Talleres Gráficos de la Nación, una obra que constará de mil ejemplares, de los cuales 500 serán entregados al autor, sin gasto ninguno para él, y los restantes para distribuirse en bibliotecas, centros de cultura y formación de un fondo editorial.

4º. Conservarán los autores la propiedad intelectual juntamente con el Comité, durante dos años, transcurrido este término, los autores recobrarán la exclusividad de su derecho.

5º. El derecho de adaptación radiofónica, escénica, cinematográfica, o de otra índole, es exclusivo del autor.

Los caracteres de este certamen nos parecen desde todos los puntos de vista elogiosos. Creemos que aparecerán a la luz pública verdaderas joyas que actualmente no han podido ser expuestas en letras de molde. Es una de las formas más loable para resolver el problema de una crisis intelectual y moral en México. No basta con dar facilidades a libreros y editorialistas para la importación y exportación de libros. Indudablemente esto señala un paso inicial en la divulgación de la cultura. El preciso la ayuda inmediata, efectiva para la producción intelectual y esta nunca será más real que la hecha al publicar las obras con las mayores ventajas económicas e intelectuales.

De llevarse a efecto el programa formulado por los Talleres Gráficos de la Nación, habremos dado un paso definitivo en el fomento de la cultura añadido a ese paso trascendental que ha sido la campaña meritísima de la Alfabetización.

Octubre de 1946

# La constitución y el problema educativo

Recientemente acaba de ser aprobado el texto del nuevo artículo tercero constitucional que se refiere a la enseñanza.

Las modificaciones que sufriera el artículo anterior consisten en establecer una enseñanza de carácter humanista, que afirme además del individuo y de la colectividad a la patria y a la solidaridad internacional.

Tres aspectos fundamentales de la educación moderna: la integración de la personalidad humana que no es otra cosa que la estructuración de la auténtica cultura. En segundo lugar, el fomento y el amor a la Patria en un sentido nacionalista serio y de verdadera coordinación en las actividades del progreso y del bienestar sociales. Y, por último, la solidaridad internacional fincada en la independencia de los pueblos y en la justicia.

Ya en la Conferencia de Londres del año próximo pasado, se desarrollaron estos temas en fructífera enseñanza para los ideales pedagógicos del futuro. Las palabras que pronunciara nuestro Secretario de Estado, señor Jaime Torres Bonet, señalaron con toda nitidez el ideal humanista que ahora, más que nunca, se impone en todas las actividades del hombre. Un nacimiento fuerte y vigoroso de la conciencia de lo que el hombre es en sí mismo, un principio de solidaridad para los propósitos últimos de una nación coordinadora de actividades materiales y espirituales, y una completa ideología para sostener una paz mundial sobre la base de la comprensión y de la buena fe. Son los tres pedestales sobre los que debe reconstruirse la enseñanza nacional.

No cabe duda de que la enseñanza es la encargada de formar a los futuros ciudadanos impartiéndoles una solidez espiritual suficiente para resolver, no sólo los problemas técnicos, sino fundamentalmente la interdependencia de los hombres en todas las actividades de orden superior.

La Ciencia, la Filosofía, el Arte, deberán, desde ahora, tener un propósito fundamentalmente humano. No podrá hablarse de estas actividades sin tener una finalidad y contenido de ética social e individual.

La ciencia por la ciencia misma, el arte independientemente de los propósitos humanitarios, la filosofía como mera especulación; son terrenos que se han dejado atrás, pues la guerra última ha demostrado que la civilización no detiene los instintos bárbaros e inmorales, y que sólo la cultura hecha a base de un sentido humanista, puede resolver el bello problema de la solidaridad entre los hombres.

Octubre de 1946

# EL HOMBRE

Gnoti seatum. Conócete a sí mismo. Expresión socrática que va a guiar mis pasos a través de esta selva aún más espesa que la imaginada por Dante. Gnoti seatum. Profunda meditación a que nos entrega nuestra esencia misma. Y esto significa honda compenetración de nuestro ser, profunda visión del papel de nuestra existencia, para la realización de la esencia hombre. Significa además la intuición de nuestra finalidad y de nuestra relación: con el Cosmos, con los seres vivientes, con los hombres mismos y con Dios.

¡Hombre! Símbolo mucho más significativo que el universo. Símbolo o enigma que presenta todos los caracteres de lo indiscernible y todas las notas de la complejidad. Enigma que está en nosotros mismos y que supera en muchos momentos la interpretación de nuestra inteligencia. Incógnita que merece para su determinación el análisis más profundo y la síntesis más armoniosa. Problema, que requiere para su resolución, haber vivido la vida, haber pensado el pensamiento y haber intuido la intuición.

El hombre es un complejo de racionalidad e irracionalidad, de intuición y de concepto, de ser y de debe ser, de causa eficiente y de causa final, de determinación y de contingencia, de bondad y de bestialidad, de saber y de ignorancia, de aspiración divina y de sensualidad, de energía y de inacción, de materia y de espíritu.

Los puntos más antagónicos y distantes se cruzan en éste ser de la creación que lleva el sello de lo perfecto y la característica de lo que debe ser.

La realización de esta creación, supone un constante vaivén dentro de estas determinaciones, contrarias las unas, contradictorias las otras. La vida del hombre lleva grabado el goce por un lado y por otra el sufrimiento; fluctúan entre la felicidad y la desgracia, entre la alegría y la tristeza, entre el bienestar y la desesperación. Su cuerpo le exige satisfacciones determinadas, y su mente lo compele a estados anímicos variados.

Y dentro de esta complejidad, aún se le presenta el problema de la convivencia con sus semejantes; y en donde, el amor frente al odio, la gratitud frente a la deslealtad, la caridad frente a la impiedad, la simpatía frente al egoísmo; le presentan momento a momento situaciones de impenetrable resolución.

Y aun el problema hombre se dificulta, cuando el conglomerado constituye una nación, una raza o la humanidad; porque entonces, la solidaridad, los sentimientos artísticos y religiosos, la política y la economía ocupan un lugar en su pensamiento y en su actividad.

¿Cuál será la esencia y la determinación del hombre dentro de nuestro concepto y de nuestra intuición? ¿Cuál será la interpretación a la vida, al pensamiento y a la intuición que en el hombre se presentan con caracteres diversos, y que exige una honda síntesis en la determinación del "para qué" de la existencia humana?

¿Será posible una sola respuesta a la actuación y a la esencia del hombre que en la vida supone una honda contradicción, en el pensamiento de un anhelo profundo de eternidad y en la intuición una sumersión en la esencia de lo que Es? ¿Frente a sus semejantes, a la vida, y a lo inanimado, presenta el hombre el mismo aspecto, la misma situación e idéntica manera de obrar?

Venecia, Italia

# La Ciudad de Provincia y las Fiestas del Espíritu

En estos días se solemniza el Cuarto Centenario de la fundación de Irapuato. Juegos florales con premios y reinas de fiesta, serán de marco para entregar a la poesía lírica o a la composición histórica el justo merecimiento a un recuerdo que no se borra y que impregna de placer la bella ciudad de la provincia.

La ciudad significa una concentración de hombres en forma permanente. Llamados a establecer sus familias, sus intereses económicos y su vida espiritual en ese lugar elegido de antemano; la ciudad es el símbolo de la unificación de todos los valores humanos, representa lo mismo el antecedente familiar que los intereses patrimoniales. Aún más, es la tradición cultural con todo el acervo de las realidades espirituales.

Podríamos hasta decir, que, según la naturaleza de la ciudad, es también la naturaleza de la cultura. Por ello mismo Fustel de Coulanges, ese notable historiador francés, hace referencia a los problemas más hondos de la antigüedad, fijándose en las ciudades de Grecia y de Roma. Compara las creencias y las leyes, las morales y las filosofías, las ideas sobre la muerte y sobre el alma, los derechos de propiedad y de sucesión, la autoridad de la familia y la urbe, la división de clases sociales y tantas y tantas manifestaciones para descubrir lo que fueran estos dos pueblos, sostenes de la cultura Occidental.

Pero las ciudades se diferencian por su carácter de conservación y de exteriorización. Las hay que tienen todas las razas e ideologías, constantemente se renuevan y su aspecto, si bien es característico, sin embargo, presentan las formas ajustadas a un ambiente internacional. La magnífica ciudad de New York es de este tipo y podríamos también señalar en ese camino a la capital de nuestra República. En cambio, la ciudad de provincia guarda su más íntima estructura anímica. Poco modificada en sus habitantes y en sus costumbres, se descubren en ella esas exquisitas manifestaciones de la intimidad familiar, esa placidez por el goce de una sociedad siempre conocida, en donde los afectos se cuentan por años y por generaciones.

La ciudad de Provincia es aquella que sólo los poetas más exquisitos han podido intuir. Son, López Velarde en México, Paul Forte en Francia y Azorín en España; ejemplos de esta bella concepción:

"Patria: tu superficie es el maíz,
tus minas el palacio del Rey de Oros,
y tu cielo, las garzas en desliz
y el relámpago verde de los loros

. . . . . . . . . . . . . . . . . . . . . . . . . . . . . . .

Sobre tu Capital, cada hora vuela
ojerosa y pintada, en carretela;
y en tu provincia de reloj en vela
que rondan los palomos colipavos,
las campanas caen como centavos".

. . . . . . . . . . . . . . . . . . . . . . . . . . . . . . .

"Tu barro suena a plata, y en tu puño,
su sonora miseria es alcancía;
y por las madrugadas del terruño,
en calles como espejos, se vacía
el santo olor de la panadería.
.............................................
Inaccesible al deshonor, floreces;
creeré en ti, mientras una mexicana
en su tápalo lleve los dobleces
de la tienda, a las seis de la mañana,
y al estrenar su lujo, quede lleno
el país del aroma del estreno".

Tal es un punto de diamante en verso que escribiera Ramón López Velarde es esa poesía, tiernamente mexicana *La Suave Patria*:

"Sed bendecidos:
Recuerdos deseables,
Recuerdos durables,
Recuerdos imborrables,
Bondad de los primeros años,
Buen retorno de la amistad concluida,
Mar oliente a algas,
Flor de las albas cortas,
Olor de heno por la tarde,
Leche con pan tostado de las abuelas,
Bálsamo del abuelo agonizante,
Vacaciones del alma,
Flor la más bella del prado florido,
Flor seca de perfume delicado,
Dulces lágrimas,
Sollozos verdaderos,

> Frescor matinal,
> Mañana de rocío,
> Mañana de violetas," ..............

Y la *Letanía de los Buenos Recuerdos* de Paul Forte nos dice lo íntimo de la provincia en la Francia de la libertad y de la cultura.

Azorín relata, en sendas prosas, lo íntimo de Galicia y Castilla, de Murcia y de Sevilla, de Granada y Aragón, de Valencia y Mallorca.

¿Hemos dicho que Sevilla era el silencio? Quisiéramos vivir en una vieja casa de la ciudad incomparable: Una casa con un sombrado lleno de trastos viejos, con estancias pavimentadas de azulejos brillantes –sonoros y claras estancias–, con pasillitos al cabo de los cuales hay una puertecilla de cuarterones, con un patio en que se yerguen cipreses y reptan por los muros jazmines. En la callejuela, solitaria, sólo se oyen de raro en raro, los pasos de un transeúnte o el grito largo de un vendedor. Escuchemos. Es el pregón de un florero lo que parece que se distingue ahora. Su voz se percibe claramente......

> ¡Qué bonitas! –¡que divinas! –¡que divinas!–
> ¡que divinas!
> Encarnaiyas, –encarnaiyas.
> De toos colores, –de toos colores.
> Tri, – tri –, ti, – ri.
> Y á cuatito caracoles.
> ¡que bonitos los claveles!
> ¡A canela y clavo como huelen!

Y en este recuerdo se descubre la espiritualidad de las ciudades de provincia que tienen tanta vida, como carácter floreciente tuvieron aquellas ciudades que forjaron el espíritu de nuestra cultura.

# Fiestas Patrias

El goce de la libertad supone consecuencias de tanto bien para los pueblos, que sólo es comparable a los instantes en que la vida triunfa plenamente y afirma las intuiciones más nobles y elevadas.

En la vida de los pueblos la conquista de la libertad principia por romperse las cadenas que los unen a los pueblos dominadores. Esta esclavitud máxima o mínima, pero siempre esclavitud. Y en todo caso, el pensamiento atado a un principio extraño, la actividad desprovista de espontaneidad y la voluntad sujeta a un mandato ajeno. Los primeros libertadores de los pueblos rompen estas cadenas apoyándose en la conciencia de los hombres que sufren la falta de libertad y son capaces de entregar su vida por ella.

Pero a continuación de esta conquista, entonces los pueblos exigen libertadores de sus condiciones misérrimas en el aspecto económico. Los héroes de esta jornada, ya no combaten en los campos para arrojar al enemigo fuera del territorio, sino que elevan su ímpetu al terreno intelectivo, en donde la previsión ocupa el primer término, y los sacrificios pueden ser múltiples en el primer instante, pero, en cambio, los frutos son de la más alta calidad.

No transcurre mucho tiempo cuando los pueblos se percatan de que sus libertades políticas y económicas ya no son suficientes, porque hay una misión más alta en la vida del hombre que es la liberación del espíritu. Esta no tiene por pedestales únicamente el despojo del conquistador y dominador en los campos de las armas y de las necesidades económicas, sino que exige como base la cultura que conduce necesariamente a la investigación de la personalidad, y, por ende, a la liberación del espíritu.

Con mucha razón Hegel ha dicho que la historia es una perpetua realización de la libertad de los pueblos y de los hombres.

"La sustancia del espíritu es la libertad, su fin en el proceso histórico queda indicado con esto; es la libertad del hombre; es, que este tenga su conciencia moral y su moralidad, que se proponga fines universales y los haga valer; que el sujeto tenga un valor infinito y llegue también a la conciencia de este extremo".

Con estos caracteres, concluye el notable físico:

"La historia universal es el progreso en la conciencia de la libertad. El fin último del mundo es que el espíritu tenga conciencia de su libertad y que de este modo su libertad se realice".

"La cultura es la verdadera historia de los pueblos. Crear cultura es realizar historia. La historia que supone como meta final la libertad".

La patria mexicana ha tenido estas etapas y está realizándolas lenta pero seguramente. La Independencia que iniciara Hidalgo y Morelos está reconocida por todas las naciones del mundo. La liberación económica, que ha tenido su máximo paladines, cada día se hace sentir ante el dolor de la miseria y la perspectiva de un mundo y de una patria liberada en su aspecto económico.

La liberación por medio de la cultura fue también iniciada hace mucho tiempo, indudablemente desde la conquista española, en la labor catequizante de los nobles y magníficos varones de las diversas órdenes cristianas. Pero suspensa por muchos hechos; en la actualidad se le impulsa con la alfabetización de nuestro pueblo y el propósito firme de que algún día, no muy lejano, todos los mexicanos provistos del alma del alfabeto podamos llegar a comprender plenamente lo que significa una auténtica libertad, que no es otra cosa, que la conciencia de la dignidad humana.

Abadia de Melk, Austria. Domina el Danubio

# GLOSANDO A RILKE

Y el pensamiento moderno surge vigoroso en la diestra pluma de Rainer Maria Rilke, el poeta checoslovaco que escribiera las más profundas palabras sobre la muerte y los estados de la subconsciencia.

Nace en Praga en el año de 1875 y muere en 1926. Su obra señala una estela de luz y magnificencia, tanto en su pensamiento como en su forma.

Repasemos uno de sus versos:

"Und das ist Leben. Bis aus einem Gestern
die einsamste von allen Stunden steight,
die, anders laechelnd als dieanderm Schwestern,
Dem Ewigen entgegenschweigt".

"Y esto es la vida. Hasta que de un ayer
surja la hora más solitaria de todas;
la que, sonriendo de otro modo que las demás hermanas,
guarde silencio hacia lo eterno"

Ciertamente, la hora última tendrá una vida eterna y el sentimiento abarcará las inmensidades del espacio y la infinitud del tiempo.

Y esta es la vida. Si, desde el ayer surge la hora solitaria que está en el corazón siempre latente del ritmo cósmico y de la vivencia espiritual.

Rilke amó con placidez las horas eternas y por eso dice en su *Das Stundenbuch* (*Libro de las Horas*)

"Amo las horas sombrías de mi ser,
en las cuales mi espíritu se absorbe"
"De ellas me llega la conciencia de que tengo sitio
en una segunda, eterna y ancha vida"

Y amó tanto la hora solitaria que su inspiración llegó a profundizarla con el aliciente de una fe ciega, de una esperanza deleitosa y de un suspiro de dolor.

Pocos intelectos han llegado a estas regiones de tan penetrante visión. Dante imaginó la trascendencia en sus tres simbólicas regiones; pero su lírica sólo llegó a la forma creadora y a la concepción poética de belleza en el terror, en la angustia y en la felicidad.

Shakespeare señaló en la tragedia el destino de la muerte con la interrogación de Hamlet ante el despojo de la vida humana.

Pero Rilke llega a la muerte misma, a la hora solitaria, fantástica, anuladora, escalofriante y tenebrosa.

En este instante, el poeta se levanta con una oración victoriosa, seca las lágrimas de su desolación y en verso pulido canta:

"Y a veces soy como el árbol que,
maduro y rumoroso, por encima de una tumba,
colma el ensueño que el cuerpo inerme
(en torno al cual sus cálidas raíces se apretujan)
perdió la existencia mundanal en tristezas y
canciones"

¿Es para nosotros el retorno a la vida después de la muerte?
Sí, ciertamente, para elevar una oración del espíritu que es
alegría, sobre los despojos de la materia y de la ilusión.

# El Progreso Científico base de una nueva educación

La ciencia descubre los horizontes más ocultos a la percepción sencilla e ingenua. Llega actualmente a la estructura de las partículas del átomo y encuentra las leyes de los Universos islas. Ahonda la naturaleza vital del hombre y toma la máxima fuerza en desintegraciones y liberaciones de energía.

Es incalculable el progreso científico, y no sólo encuentra nuevas leyes y principios, sino que también exige determinar nuevos postulados en la manera de pensar de aquellos que formulara Aristóteles.

Ya se exigen novísimas bases conceptuales para el dominio de las ciencias físico–químicas, para explicar el comportamiento de los seres vivientes y para determinar el proceso de la mente. Hay una semejanza notable entre la teoría clásica de los tres famosos principios lógicos de identidad, contradicción y tercero excluido y la geometría euclidiana; así como las geometrías no euclidianas que aprovechan Einstein y Planck, Heisenberg y

Millikan con relación a las nuevas aportaciones lógicas de la dialéctica y de los grupos.

La educación se forma sobre estas nuevas bases, con un sentido más cercano a lo real y objetivo. Ya no es el concepto cuadrático, absolutamente ideal el que satisface a la ciencia contemporánea; es el aliento vital, es el desarrollo indeterminado de la ciencia atómica, es la síntesis de la tesis y de la antítesis lo que determina una nueva manera de pensar, y, sobre todo, de conceptuar al Universo y la Vida.

Cuando el artículo 3º establece la base científica como el más firme pedestal de la Educación, se piensa inmediatamente en estos bastos dominios que causan sorpresa no sólo por la novedad de llegar a la fuerza prepotente de la liberación de la energía en la llamada bomba atómica, o en sensacional contacto con la luna y el sol por medio del radar, sino en la modificación de la mente para darse cuenta de un mundo que está muy alejado de la lógica silogística de Aristóteles y aun de la inductivista descubierta en el Renacimiento; maneras de pensar que fueran patrimonio de las Culturas del Oriente, y especialmente de la India.

Es indudable que la Educación no se detiene únicamente en este peldaño científico, va directamente a la emoción que nutre el amor a la Patria, el respeto a los ideales de los demás hombres y la mejor comprensión de la conviabilidad universal en un estado de paz fructífero para la realización plena del espíritu.

La base científica queda, sin embargo, en un primer término. Ella, por sí, ya lleva innovaciones sorprendentes. Supone formas de pensar y conocer diferentes. Hay la posibilidad que debe realizarse una verdadera Sociología del Saber. Se requiere una mente y un funcionamiento inteligente, especiales para captar el principio de indeterminación que establece la Mecánica

Ondulatoria, o una visión nueva de la realización causal para comprender la Tesis Cósmica de la Relatividad.

Sobre estas bases, la Educación supone un nuevo sendero de profunda responsabilidad en el Maestro, puesto que así, como hay que señalar nuevas formas de emotividad artística, así también hay que preparar la mente de los jóvenes para explicar y entender la nueva ciencia que descubre dominios inmensos tanto en lo infinitamente pequeño como en lo infinitamente grande.

# Glosando a Isócrates

Si ha habido un orador de más pulida frase ha sido Isócrates. Nace a mediados del siglo V antes de Jesucristo. En Erchia, Grecia. Amigo de Sócrates recibe educación de Pródico y Gorgias. Vive cerca de cien años y sus obras se conservan en los pergaminos y papiros más antiguos del Vaticano y del Museo Británico.

Representa allí Isócrates, no el amante de las especulaciones frías y académicas, sino el vigoroso defensor de los problemas sociales y políticos de la Grecia en sus épocas más florecientes.

A pesar de esta tendencia de índole popular, nunca olvida la técnica literaria, pues sabe pulir el estilo en la más sobria y bella expresión.

No se encuentran en sus Discursos las figuras retóricas de extremada ornamentación; se rehúye de la metáfora para dar esplendor a la verdad evidente y escueta. Busca allí Isócrates y encuentra, sobre todo, la armonía de la frase y por ello representa una de las más altas cumbres de la prosa ática.

No cabe duda que el discurso isocrático es la más bella expresión que nos ha llegado del campo de la oratoria, no obstante encontrarnos más tarde con ese forjador inmenso de la palabra latina Cicerón.

En su discurso "El Elogio a Helena" hace un derroche de belleza y simplicidad. Basta recorrer su plan para descubrir la excelencia de la forma; empieza por presentar la crítica de la enseñanza oratoria de sus predecesores y contemporáneos. Muestra su intento y aborda el elogio propiamente dicho. En seguida relata el amor de Zeus para Helena. El poder seductor de la mujer, los caracteres más exquisitos de sus amantes y la intervención de los dioses de los conflictos armados de Grecia y el Oriente.

De este elogio a Helena queremos recordar estas bellas palabras:

"Buscar y seguir la verdad e instruir en aquellas cosas que nos sirven para la práctica de nuestra vida social, es lo que conduce a dar experiencia de esta existencia, llevando convicción a nuestra propia alma. Es mejor contar sobre las cosas útiles una opinión razonable, que sobre las inútiles tener conocimientos exactos. Es preferible distinguirse, aunque no sea más que un poco en las cosas grandes, que manifestarse sobresalientes en aquellas tenues y pequeñas que para el cuidado de la vida no pueden jamás servir de nada"

"Buscar y seguir la verdad e instruir en aquellas cosas que nos sirven para la práctica de nuestra vida política"; he aquí un plan de enorme interés para la juventud actual. La verdad, sobre todo, pero dirigida al bienestar de la colectividad, el fin noble que el hombre puede tener. Ciertamente la elocuencia de Isócrates va encaminada a las cuestiones sociales y políticas de una manera clara y evidente, tal como debía de ser en todos los tiempos.

Esas ideas políticas las empezó a perfilar en su panegírico y forman las bases de los discursos apodícticos. Son la expresión de la más sana política y llevan siempre la afirmación de una vida por el interés de la comunidad. Para lograr este alto fin, debe educarse a la juventud en las cosas nobles y de altura, pues es preferible "distinguirse un poco en las cosas grandes y bellas, que lucirse en las insignificantes".

Así también Isócrates elogia la belleza como la forma que corona las virtudes exquisitas. Frente a la belleza todo poder se desvanece y arrodilla.

"Júpiter, dueño y señor del universo, en todas las demás cosas hace ostentación de su poder; pero respecto a la hermosura hácese humilde, y de este modo se digna sujetarse a ella. Porque tomando la forma de anfitrión, bajó a visitar a Alomena, desatado en lluvia de oro se introdujo en la torre de Danae; convertido en cisne corrió al regazo de Némesis; asemejándose por segunda vez a esta ave, con Leda celebró sus esponsales".

Belleza de la forma y placentero contenido. Dos enormes frontispicios de la oratoria isocrática.

# EL PRESIDENTE TRUMAN Y LA EDUCACIÓN DEL FUTURO

La Universidad de Fordham ha celebrado recientemente su Centenario. En la fiesta de recepción, el Presidente Truman ha ratificado el principio que la Conferencia de Londres ha señalado para la educación del futuro: puesto que las guerras comienzan en la mente del hombre, es en la mente del hombre donde deben erigirse las primeras defensas de la paz.

Sobre esta base declaró que "al preparar a nuestros veteranos y nuestros jóvenes, hombres y mujeres para vivir en la nueva era atómica, la educación confronta el desafío más grande que le ha planteado hasta ahora la Historia". Y ciertamente la facilidad de destrucción que ahora tiene el hombre, le hace ser más responsable de su propio porvenir. Por eso mismo, el gran presidente de Estados Unidos, que continua la labor de Roosevelt, lanza a todos los vientos un llamado a la conciencia moral y justa.

"Mucho me temo, dice, que estamos demasiado preocupados con las cosas materiales para recordar que nuestra verdadera fuerza yace en los valores espirituales"

Cuando el peligro del hombre es máximo, es indudable que debe irse a ese campo insondable, inmenso, que es el espíritu. Y ahora más que nunca sólo el espíritu podrá resolver el poder férreo y tiránico de la máquina.

El Presidente, afirma aún más: "Yo dudo que exista en este mundo agitado de hoy en día, en el cual las naciones están divididas por envidias y sospechas, un solo problema que no puede ser resuelto por el Sermón de la Montaña".

El amor a los hombres, el sentido humanista de la educación, el aprovechamiento de los valores más altos de la cultura, sólo pudieron ser compendiados en ese himno y oración que lleva tanta ternura y a la vez comprensión de la vida humana.

Las palabras de comento que Papini ha dedicado al Sermón de la Montaña, todavía surgen como un marco para tan delicada tela, como una glosa para tan profunda concepción. Requiérese ahora más que nunca llegar a ese cristianismo ingenuo y por lo mismo sublime, cándido, y por lo tanto verídico.

La ciencia y la mente han procedido su caminata en una ruta ciega y han llegado a descubrir los poderes más atrozmente destructores o beneficiadores. La virtud o la maldad de estas conquistas ya no radican en la ciencia ni en la mente, sino en el corazón de que hablara Pascal, en esa alma en donde el orden y la serenidad se descubren como senderos de una felicidad suprema.

Qué significativa aparece la palabra del Presidente de Estados Unidos que en este instante aborda con visión moral el problema del conflicto de las Naciones, y hace radicar el porvenir de la humanidad en ese regreso a la conciencia de los hombres de buena fe.

# EL LIBRO DE TEXTO

Nada influye más en el espíritu de los niños, que los primeros libros de lectura en una bella presentación. No basta el contenido que sea ameno, bello y verdadero. Hay que saber presentar el libro con las más bellas estampas, los colores mejor coordinados y la presentación más exquisita.

Descuidamos enormemente este detalle, y sin embargo es de enorme importancia para poder crear en el espíritu del niño un ambiente de felicidad. Debe aceptarse la mejor impresión, y a la vez la más exquisita ilustración en los libros de texto de nuestros niños. Con cuanto deleite un pequeñuelo lee la lección que en sí resulta monótona y cansada si la ilustración es de noble y fino colorido. Cuánto se aventaja en esa aceptación que el pequeñuelo tiene para las figuras y los dibujos, para los paisajes y las referencias objetivas.

Hemos visto la mayoría de nuestros textos con una pésima impresión tipográfica, con ilustraciones mal hechas y mal dibujadas, en papeles corrientes y encuadernaciones pésimas. Al tener el niño en sus manos estos libros, no pueden causarle ningún placer y pronto tendrá unas cuantas hojas maltratadas, desencuadernadas y pintarrajeadas como una obsesión al deseo de vida que todo pequeñuelo posee.

Los libros americanos, por ejemplo, que se emplean en las escuelas, llenan ese requisito primario y a la vez que son amenos y siempre optimistas, saben presentar los ambientes de mayor dulzura y exquisitos. Las mismas cubiertas de los libros tienen una primorosa presentación, y todo respira optimismo y anhelo de vida.

En cambio, nuestros libros, en su mayoría ofrecen defectos enormes: gravados en negro si es que los tienen, dibujos mal hechos, letras pequeñísimas para ahorrar papel, y toda una encuadernación defectuosa. Fijarnos en estas notas es de vital importancia para la cultura, y estimamos que es un resorte de inmenso poder para hacer de la enseñanza un verdadero deleite.

Claro es que no me voy a referir a textos que, como el *Corazón de Amicis*, es de una impecable literatura, pero tiene desde el principio un fondo de amargura y de dolor, nada propio para la enseñanza elemental. Hay tragedia desde la primera página, hay miserias y desgracias en cada página, y el niño no puede respirar ese aire que le llevaría tanto bien en este momento en que todas las pasiones se desbordan e infectan el ambiente. Este libro, como otros muchos, debiera aprovecharse modificando esos defectos y presentando sus más bellos conceptos, siempre con el propósito de enaltecer y hacer floreciente el espíritu bello, ingenuo y magnífico del niño.

La Cultura Occidental desgraciadamente no ha sabido presentar con belleza y con virtud sus más bellas conquistas. Amortigua con dulzura los colores y las figuras que podrían coordinarse en un sentido de ennoblecimiento y de belleza. Por eso la sentencia de un Tagore penetra más al corazón humano, que la reflexión de un Emerson, la frase pulida bellamente de un Hafez conmueve más a los pueblos que la reflexiva de un Keyserling. No sólo es el pensamiento el que se ha ennoblecido y se le ha presentado en la forma más bella, sino aún la escritura que, en China, en la India o en el Japón, señala un arte exquisito, de tanta fuerza, que nuestro alfabeto uniforme y frío, no puede resistir la comparación.

Los libros de los niños deberían de ser las flores del jardín del pensamiento, deberían de fulgurar como el aroma que se respira en un campo por las mañanas, ser la luz de la inteligencia y a la vez el deleite del sentimiento de la belleza.

Duomo de la Catedral de Siena en Italia

# ESENCIA DEL PITAGORISMO

El pensamiento ha triunfado. La esencia del ente ha llegado a comprenderse. El momento cultural se ha manifestado en las profundidades del concepto filosófico.

El arte con la proporción en sus formas, y la religión con la armonía en sus virtudes y en sus vidas. El hombre griego con el sentimiento del orden, ya esculpe la estatua de formas bellas, ya construye el templo de proporciones nunca después igualadas, ya canta versos con la cadencia del ritmo o ya plañe música con la sabiduría de sus acordes. Vemos elevarse a través de la vida helénica, el pensamiento que la sintetiza, que la comprende, que va al fondo de sus manifestaciones: el orden.

¿Qué es, si no el orden y a la belleza del poema homérico, o del canto pindárico?

¿Qué es, sino el orden, la serenidad del templo dórico?

¿Qué es, sino el orden, el "presente" religioso del culto apolíneo?

Orden, número, he aquí la nota sintética de la vida clásica del hombre griego.

. . . . . . . . . . . . . .

———

Y comparo esta vida con la nórdica, de eterno movimiento, de perpetua esperanza.

Pitágoras frente a San Agustín y Tomás de Kempis.

. . . . . . . . . . . . . .

Y comparo esta serena vida, con el pensamiento oriental de incomprensión de la Naturaleza, aunque de un sentido profundo del infinito.

Pitágoras frente a Lao-Tsé

. . . . . . . . . . . . . .

Y comparo esta vida, de formas proporcionadas con el espíritu moderno que tiende día a día a una anarquía en las formas y a un desorden en el pensamiento. Que lleva el movimiento de un cataclismo con el desquiciamiento de sus principios científicos, con la amargura de una vida empleada para fines egoístas y con el sufrimiento de quien ve perderse entre la bruma, el sostén de la idealidad y de lo sobre natural.

Pitágoras frente a Gauss, a Cézanne, a Monet, a Lenin y as Einstein.

. . . . . . . . . . . . . .

# Einstein y la demanda de Birkhoff

La idea del Universo ha sido desde los primeros tiempos de la humanidad una de las más intensas preocupaciones del hombre. La contemplación de un cielo estrellado es algo que ha llevado una incógnita, y a la vez, un sentimiento de la más exquisita belleza.

Hace tiempo Albert Einstein forjó la teoría que lleva el nombre de Relatividad. Se explica por medio de ella la estructura del cosmos y se llega a formular una tesis sobre la naturaleza de esos inmensos piélagos de estrellas que se han llamado galaxias.

Las galaxias son inmensas concentraciones de estrellas. Por ejemplo, gracias a la investigación de uno de los astrónomos más prominentes de nuestro tiempo como es el Dr. Baade, se ha llegado a la conclusión de que el núcleo de la Nebulosa de Andrómeda no es una masa gaseosa como se suponía, sino que está formado, nada menos que de más de cien millones de estrellas

El conjunto de todas las galaxias que forman el Universo se llama la Metagalaxia y el Dr. Birkhoff ha tratado de explicar su naturaleza tomando como base la teoría de la gravitación en términos completamente nuevos. En el próximo mes de febrero se va a realizar en la Universidad de Columbia, de New York, el Congreso de Astronomía correspondiente al año en curso. Y entonces, dos físicos mexicanos: el Dr. Carlos Graef Fernández y el Director del Observatorio Astrofísico de Tonantzintla, Luis Enrique Erro, tratarán de hacer valer una nueva concepción sobre este inmenso océano de estrellas, tomando en cuenta los trabajos iniciados por el sabio Físico Norteamericano.

Las ideas de lo inmensamente grande preocupan al hombre, ¿y qué diremos de las realizaciones y experimentos sobre lo infinitamente pequeño?

# Divulgación cultural

Una de las labores más meritorias de la Secretaría de Educación Pública de México, es la publicación semanal de las más prestigiadas obras del intelecto humano. Señalándose en todas las direcciones del pensamiento, han aparecido más de cien volúmenes en que se incluyen las expresiones de Cervantes, Séneca, Descartes, Platón, etc., y con ello las más lúcidas teorías y los más penetrantes atisbos sobre la historia, la ciencia, la filosofía y el arte.

Lo reducidísimo del precio da ocasión a que todos los sectores sociales puedan adquirirlos con toda facilidad. Los comentarios que anteceden a todos y cada uno de los volúmenes, señalan también el paso firme para la comprensión de los mismos. El mismo formato y el tamaño de la letra, son factores favorables para la divulgación.

Y ahora, nos podemos proponer la siguiente meditación: ¿Cuál es el medio más propio para acercar a nuestro pueblo a las esferas más altas del pensamiento universal? ¿Será necesario infantilizar la teoría o la hipótesis científica, desnaturalizándola para que el indocto pueda comprenderla?

La única solución sensata, para nosotros, es la de entregar la tesis en su íntegra formulación. Es además necesario presentarla con un anticipo doctrinario de justo encausamiento. Es indispensable propagar la obra superior en esta forma, a todas las mentes, a todos los corazones, para que la semilla fructifique en aquellos seres de ansias espirituales.

Nunca desnaturalizar o infantilizar las doctrinas de Descartes o de Aristóteles, de Tomás de Aquino o de Einstein, pues con este procedimiento se destruye la esencia de la obra y muchas veces se llega a su misma destrucción.

Por esto mismo estimamos en alto grado la obra educativa que a través de esta publicación está haciendo la Secretaría de Educación Pública. Los textos son únicos, las explicaciones que les sirven de antecedentes en su mayoría son magníficas, y la divulgación se ha logrado para beneficio de la cultura de nuestro pueblo.

Al extender la tesis moral de Séneca, no se pretende hacer un alarde de erudición, sino entregar los mejores pensamientos de este notable filósofo a todos los hombres con el objeto de que los aprovechen en su vida diaria.

Exponer la tesis científica de Darwin es también, proporcionar motivos de meditación a quien se ha propuesto comprender el proceso evolutivo de las especies animales.

En una palabra, el pensamiento basto y magnífico de loa más notables intelectuales y artistas, está derramándose como simiente fértil en todos los campos de la conciencia mexicana.

# AMÉRICA PIERDE
# A UN HOMBRE

En este ano la República Dominicana ha perdido al ilustre escritor Pedro Henríquez Ureña. La bella isla de las Antillas ha visto nacer hombres verdaderamente notables, pero al que nos referimos se le puede señalar como el puente de unión entre aquel país y el nuestro. Nace en 1884 y al llegar a los 62 años muere en Buenos Aires. Sus *Ensayos Críticos* de 1905 llegan a realizarse en *Plenitud de España* y *El Español en Santo Domingo*, publicadas en 1940.

A través de toda esa vida, la literatura española ha sido hondamente estudiada en los momentos iniciales de la gramática, en la antología de la versificación rítmica, hasta hace llegar a los mejores frutos de las poesías castellanas, del idioma español en México, la historia de los Indigenismos, la novela Americana, los Romances tradicionales en México y las obras de Rubén Darío, Hernán Pérez de Oliva, Heredia, Son Juana Inés de la Cruz, José Enrique Rodó, y Juan Ruiz de Alarcón.

Como educador y como pensador se destaca entre los primeros. Para que lo encontremos más cerca de nosotros, veamos algunos trozos de una de sus páginas esparcidos en *Horas de Estudio*, que publicara en el año de 1910.

Al comentar el espíritu platónico aprovecha señalar los caracteres distintivos de las obras de Shelley, Wilde y D'Annunzio.

Al referirse al poete inglés dice:

"Shelley posee, como pocos, el don de sentir el mundo externo; será modelo inmortal de plástica, de vigor y colorido (baste recordar el jardín de la Sensitiva, la imagen de la tañedora del arpa en el Alástor, o cualquiera otra de sus descripciones), y a la vez, modelo de versificación musical, llevada a la exquisitez en la canción de la ninfa Aletusa y en el canto a la Alondra".

Al poeta Oscar Wilde, lo señala:

"Discípulo de Platón, a veces rebelde, pero por falta de convicción: sus ideas luminosas, sus hallazgos estéticos, es preciso buscarlos a través del maremágnum de paradojas hipérboles, boutade, rasgos irónicos y humorísticos, afectaciones de depravación o inmoralidad, que llenan los diálogos de Intentions (platónicos por la animación dramática y la viveza dialéctica), las notas críticas, las comedias, los cuentos y novelas, hasta llegar al De Profundis, donde la realidad del dolor le alzó a la cumbre de la sinceridad y de la pureza intelectual".

Y, por último, al célebre poeta italiano D'Annunzio le retrata con las siguientes palabras:

"Sutileza de análisis espiritual, trémula delicadeza del sentimiento, variado caudal y armónico enlace del estilo. Es el heredero de los poetas y humoristas del Renacimiento Italiano, amantes de la cultura antigua y primeros tipos del hombre moderno: Petrarca y su cohorte de secuaces ilustres, finos psicólogos y profundos amadores; Boccaccio y la serie de amenos y lozanos cuentistas; los estilistas doctos y cortesanos, maestros de la historia y de la política; los platonistas de la escuela Florentina".

En estos retratos psicológicos se descubre al pensador penetrante, al amante de las más bellas formas y de las sinceras expresiones de la vida interior.

Ciertamente Shelley es el platónico que sabe adunar la belleza a la verdad y en quien la imaginación despliega sus alas en horizontes de poesía.

Ciertamente Wilde es el poeta y novelista de mayor complejidad moral, cuando descubre lo más íntimo de su espíritu, entonces se sublimiza y llega a las bondades más hondas de la conciencia para decirnos en su enorme poema *De Profundis*:

"Great passions are for the great of soul, and great events can be seen only by those who are on a level with them"

Así como trata de presentar la enorme figura de Jesús en una burilada representación plástica de belleza excepcional.

Por último, la obra del poeta italiano la señala como intento múltiple que describe lo mismo el arrebato místico de la poesía pura, como la pasión frenética de un himno al espíritu popular.

Es el poeta más artista de Italia después de 1870, es decir, después de Manzoni y Leopardi. Resume todas las tendencias y escuelas. Sus poemas paganos Primo Vere y Canto Novo, recuerdan a Carducci, el Intermezzo a Hugo, Baudelaire y a los Parnasianos, el Isotteo a los florentinos del siglo XV; Whitman lo sabe apreciar en sus Odas Nuevas, y lo mismo Dostoievski, Nietzsche, como Tolstoi y el verismo saben llamar a la intuición estética de este alto espíritu de sensibilidad.

Pedro Enríquez Ureña muere dejando un mundo por realizar en el campo de los pensamientos ingenuos y sinceros; y de las lucubraciones que tanta vida espiritual exigen de las páginas luminosas de nuestra literatura castellana.

# Max Scheler o la Filosofía Contemporánea

Fenomenología y Ciencia

. . . . . . . . . . . . . . . . .

E s e n c i a

. . . . . . . . . . . . . . . . .

Maravillosa visión del pensamiento y de la intuición

Jamás habíanse adunado el concepto que lleva a la rigidez, con la intuición que conduce al bello campo de lo vivido.

Libertad de emociones prefijadas. Reducción fenomenológica. Austero análisis que trata de llegar al sentido íntimo de nuestra existencia y a la visión de la esencia del Universo.

Lógica Pura que, aprovechando la representación intuitiva, trata de disipar la ruta fundamental de la categoría significativa de íntima relación con el mundo objetivo, con las categorías del objeto, del número, de la relación o de la plenitud.

Lógica pura que basándose en una intuición ideatoria, trata de investigar la realidad o la falsedad de las significaciones, y el ser o no ser de los correlatos objetivos estableciendo leyes universales. Raciocinio como forma especial de la significación; Aritmética pura y pluralidad como formas individuales de los correlatos objetivos.

Lógica pura que en último análisis lleva al espíritu a la clarividencia de las formas posibles de las concepciones, a la teoría de las teorías posibles, a la máxima visión de la multiplicidad Pura, que reemplazará el campo reducidísimo de la matemática actual y compenetrará el análisis de los espacios n–dimensionales, de los números complejos y entero absolutos y de las curvaturas del Universo.

Maravillosa intuición de Cosmos cuatridimensional de Minkowsky; del sentido absoluto del "intervalo", de la gravitación como propiedad del espacio, como función tensorial magnética y como elemento de la teoría del campo de Einstein. Maravillosa intuición del Universo hiperbólico de Sitter y del cilíndrico en Einstein, ilimitado, pero no infinito….

Lo neutro de lo vivido, su pura descripción, la búsqueda de sus esencias contenidas en él, he aquí el propósito fenomenológico.

El objetivo vuelve a tener valor frente al conocimiento como en los mejores tiempos de Aristóteles y de Santo Tomás. Y la intencionalidad, esa fuerza de eliminación inmanente a la conciencia, ese poderoso faro que irradia sus penetrantes dardos al mundo que circunda, hace nacer en la vida del hombre la certeza de su posición en el mundo, y el complejo espiritual de sus dolores o de sus alegrías, de su actividad o de su meditación, de su odio o de su amor.

Y no sólo es la "intentio" de la doctrina escolástica la que anima la fenomenología a través del espléndido Brentano, sino aún, es más, que contiene el misterio de la palabra divina de San Agustín que lleva el éxtasis del alejandrino, que interpreta la naturaleza en el sentido místico de Ruysbroeck, que allega el sentido metafísico y racional del ser en Fichte, que para la comprensión de la historia en Dilthey llama forzosamente a la acción y a la voluntad, y que, por último, en Scheler supone que no sólo puede llegar a la naturaleza esencial del mundo, sino que bajo el proceso de la intuición emocional, invade el maravilloso mundo del deber ser, de lo justo, de lo bueno, de lo santo o de lo bello. Intuición que lleva no sólo la intelección sino el sentir intencional, algo incomprensible para el que supone a la razón como la máxima cumbre de la naturaleza humana.

Y Husserl, siguiendo las huellas de la teoría de la ciencia de Bolzano, eleva el concepto de la verdad a una realidad no sólo fuera del sentir sino del pensar, no sólo como forma, sino como cosa en sí. Es un canto a la validez absoluta de lo verdadero. Es un tejido finísimo de dialéctica y de intuición la investigación lógica de Husserl. Nos recuerda los mejores tiempos del pensamiento en las obras máximas de Leibniz o de Kant, de Hegel o de Brentano.

Nuevo propósito que invade la mente del hombre actual. Enormemente diferente al pobre intuicionismo bergsoniano, el idílico concepto platónico de la Idea, a la duda universal de Descartes, al *a priori* kantiano, a la concepción panlogística de Hegel, y a la distinción trascendental de los conceptos y la pobrísima reducción del ser a los elementos de la sensibilidad en el positivismo.

Maravillosa intuición del Cosmos que se basa en la potente armonía de los espacios y se traduce en la física que trata de eliminar todo dinamismo, y pretende descomponer todo proceso en estratos.

Maravillosa síntesis de lo abstracto y de lo vivido, de la pincelada de Feininger que piensa y expresa, y de la sensibilidad pictórica del post–expresionismo que tiene el vigor en la línea de Gauguin, o la luz y las formas en las espléndidas tonalidades de pensamiento e intuición.

# La nota de hoy es la Historia de mañana

Con este tema, el distinguido periodista José Pérez Moreno disertó la noche del 7 de los corrientes en el acto inaugural de la serie de conferencias sobre temas periodísticos, organizadas por la Universidad Nacional Autónoma de México.

La elevación de conceptos, la claridad del pensamiento, la pulcritud de la dicción, hicieron de este acto, uno de los más trascendentales en la labor social que emprende la Universidad.

La nota de hoy, la que se encuentra en los periódicos del día, es una de las fuentes más intensamente vivientes de la historia que se forjará. El periodismo adquiere honda significación cuando se descubre en él, el palpitar de la existencia universal, la penetrante objetividad del acontecer que parece aislado e insignificante, pero que es el índice de los fenómenos sociales de mayor trascendencia.

"El periodismo es la historia en marcha". Ciertamente. No es simple cronología. Es un aliento que siempre palpita en el corazón del pueblo. El periodista forja con la intuición, ese mundo que descubre la asechanza de la maldad, la encrucijada de la vida internacional de las naciones, el joyel de virtudes contenido en los más recónditos lugares de la muchedumbre y sabe encontrar el interés y la preocupación de la masa humana.

El periodista es, ante todo, un psicólogo. Está atento a las palpitaciones que conmueven el sentir patrio, la emoción familiar, la dignidad humana. Por eso, la noticia rueda por las conciencias de los hombres y hace que en un instante se forje una reacción que estalla en cólera o maldición, una conquista espiritual que abarca la simpatía a la vida y la esperanza de un mundo mejor.

"Pero lo interesante suele no ser visto por quien lo mira todos los días", agrega el conferenciante. Con certeza ha tocado un punto de vital interés. ¡Cuántas cosas pasan y están olvidadas por la indiferencia de quien no supo apreciarlas! Y en esto estriba gran parte de la labor periodística. Para llegar a estos hallazgos o redescubrimientos hay que tener una visión clara de la naturaleza humana, una vivencia penetrante del tiempo y una intuición del futuro.

El artículo periodístico requiere algo más: la comprensión de todos. Amenidad. Facilidad en la lectura. Todo un "confort". Y entonces la historia se hace fácil y en el propio momento se vuelve existencia viviente. El corazón del humilde y del soberbio, del ignorante y del sabio, del apasionado y del sereno, armoniosamente palpitan, como señalando un día de la historia, una ruta en el devenir de la sociedad, una conciencia en el palpitar de lo individual.

El periodista no es el relator simple, es el creador de la propia historia. Empieza por un llamado al acontecer, hace vibrar las fibras de la conciencia social y llega a crear el ambiente que, en muchas ocasiones, es propicio para los aconteceres de mayor trascendencia.

"Contribuye –dice Pérez Moreno– a reformar la sociedad condenando lo que es contrario a la verdadera moral, y exaltando todo lo que lleva implícita la bondad, la solidaridad humana, la belleza". Ideal noble en corazón noble. Por eso rechazamos la noticia que lleva envidia y perversidad, nos causa horror el relieve que se da al criminal, y pesar el olvido en que se tiene a los hombres de bien; señalamos en nuestra conciencia el poco vigor periodístico cuando esas sentencias del conferenciante no aparecen, y en cambio, se descubre desorientación pobreza de conceptos y tendencias mezquinas.

Cuando el periodista se ajusta a esa exaltación que lleva a la bondad, a la solidaridad humana y a la belleza, entonces se constituye en el más grande exponente de la vida en común, esculpe la historia en aras de un progreso y puede decirse que no sólo su nota va a forjar la historia de mañana, sino que su conducta y su ejemplo servirá para alentar el destino de la humanidad.

# México, el País de los Contrastes

En fechas recientes visitó nuestro país el Dr. Charles Laubry, una de las primeras figuras de la ciencia médica francesa.

En una entrevista concedida a los periodistas afirmó que el porvenir de la Francia está asegurado y que llegará nuevamente a ser la médula del espíritu y de la cultura del mundo.

Al referirse a una pregunta especial sobre el aspecto que le presentaba nuestro país, afirmó:

"México es el país de los grandes contrastes".

"Advierto aquí la presencia de una élite que no tiene conexión con el resto del país que ni siquiera dialoga con él".

"Cuando México se integre, podrá realizar el gran porvenir que le aguarda".

"La capital es hermosa como pocas capitales del mundo, pero apenas se sale afuera de ella, se encuentra un México distinto, que no está identificado con su capital, es decir, la élite de México no ha servido de guía al proletariado ni al elemento campesino".

Estas ideas son muy significativas. No guardamos unidad de ninguna especie. Nuestra patria es un todo desmembrar y ofrece en el campo de la cultura el triste espectáculo de un lugar eminentemente consagrado a la cultura, a la civilización, y en cambio en sus propios alrededores de este centro, las más pobres situaciones.

Este fenómeno también se realiza en las capitales de los Estados, y la provincia ofrece un espectáculo a veces triste por el decrecimiento de la cultura y del saber.

Por ventura no sólo los extranjeros han visto este fenómeno, nuestros hombres de Estado también se han dado cuenta, y por ello que la alfabetización tiende a conseguir un mejor nivel a este respecto.

La unidad cultural se impone ahora más que nunca. Se exige que lo que llamaríamos la élite de la intelectualidad se ponga en contacto con el mundo de la provincia, del poblado, de la ranchería. Se extiende ese espíritu que no es, por cierto, de profundos conocimientos científicos y emocionales, sino de un aspecto más hondamente sentido que va directamente al comportamiento de la personalidad en un desear un informe y en un sentir de nación.

En Francia se encuentra que la provincia guarda una unidad con las grandes ciudades y que todos los espíritus vibran al unísono con una aspiración para un mejoramiento de todo el país. Esto se nota también en las viejas naciones de la cultura europea y asiática. En ellas la relación ideológica se encuentra del intelectual de mayor presentación que en el campesino más humilde, que en el obrero de las artes manuales de menos significación. Todos los hombres alientan un principio de unidad y no es raro encontrar en una provincia pequeña de Italia quien tenga veneración por Dante o Petrarca; y un pobre labrador de Inglaterra, en una región la más aislada, que sepa que su patria se enorgullece por haber tenido un Shakespeare y un Milton.

Unidad de espíritu para México sólo integrada por ese elemento básico que sabe unir a los hombres y que es la cultura en su forma de integración de la personalidad.

Noviembre de 1946

# Misión del universitario

Recientemente en la capital de la República el señor doctor Luis Conte, presidente de la Facultad de Filosofía y Letras de la Universidad de la Habana, dictó una hermosísima conferencia que tuvo por título "La Universidad Vivero de Hombres". La misma enunciación en la conferencia ya señala su carácter humanista, y más aun las palabras que pronunciara son el testimonio de esa aspiración suprema de la época contemporánea para dar un sentido humano a las enseñanzas universales.

La ciencia, la filosofía y el arte deben estar al alcance de todos los hombres y deben ser dirigidos a un propósito de tanta altura como es el de resolver los problemas palpitantes de los pueblos.

"El universitario es primero patriota que estudiante, dijo el señor doctor Conte, y prosiguió: traicionaría a la patria si, encerrándose en los libros o en los laboratorios, ignorase los problemas vivos del pueblo".

Ciertamente hace algunos años, al comentar la situación universitaria, nos referíamos a este mismo aspecto sosteniendo la misma tesis de que es la Universidad una de las instituciones encargada de resolver los agudos problemas de la realidad social. Ya entonces hacíamos referencias al pensamiento del doctor chileno Letelier, que en viva frase y en conceptos de gran actualidad, llamaba a la juventud para seguir un sendero de alta política social.

La cultura no es más que un medio. Medio para llegar a conseguir la paz, la tranquilidad y la felicidad del género humano. Si en algún tiempo pasado se buscó la cultura por la cultura misma, ahora se exige la cultura para satisfacer las hondas necesidades de todos los pueblos.

"La universidad de hoy, es distinta en su carácter esencial a las de otros tiempos. Antes, al tomar la cultura con un fin y no como un medio para conseguir algo más trascendente, las universidades antiguas se mantenían en la más completa ignorancia de los problemas sociales y humanos del país. Estas palabras del señor Presidente de la Facultad de Filosofía y Letras de la ciudad de la Habana, tienen un contenido de honda significación. Toda cultura tiene finalidad y vale por esta finalidad. Y ahora, más que nunca, se exige que en todos los pueblos se cultiven la mente de los jóvenes teniendo siempre a la más firme realización de solidaridad social.

Para alentar a la juventud, señala el doctor Conte un hecho real: son los jóvenes los que actualmente toman el timón de la política de los países y de las naciones. Hecho significativo ya que, a través de la historia, la variante con respecto a la edad de los diligentes es de enorme trascendencia:

"En tiempos remotos, eran los ancianos los que gobernaban; después se dio poder a los hombres maduros y hoy son los jóvenes los que guían, con sus ideales puros, el ritmo de una nación".

El Senado de los tiempos romanos, los templarios de las épocas medioevales y los grupos de dirigentes políticas en la actualidad, han sido los actores de la conciencia política y social de los pueblos. En la antigüedad se hacía valer la experiencia, en la Edad Media el valor y en la época moderna esa intuición juvenil que sabe descubrir el sentido de esta era que es vertiginosa, audaz y lleva tanto contenido de existencialidad.

Pero esto no quiere decir que la ley sea absoluta, pues muchas veces no es suficiente la experiencia para descubrir el futuro, pero también en otras ocasiones, no es suficiente el ardor juvenil paras prever las consecuencias que sólo la experiencia ha sabido descubrir.

Verona, Italia

# La Virtud y el Candor

Virtus est contenta candore conscientiae
La virtud se contenta con el candor de
la consciencia.

Con estas palabras Bernaldo de Claraval (siglo XII) allá por los años de 1110 dijo la más dulce y profunda esencia de la virtud. La auténtica virtud nace del candor de la conciencia. Es la naturaleza deslumbrante de ingenuidad, pletórica de sencillez, llena de sabiduría en su máxima expresión. Sin esta condición espiritual, la pretensión a la virtud es falsedad; ampulosidad y vaciedad, en una palabra, nulificación de vida espiritual.

La virtud se contenta con el candor de la conciencia. No es con el saber porque éste conduce muchas veces a la antinomia y a los enormes vericuetos de los pensamientos inútiles. No es tampoco la fuerza, que en muchas ocasiones sólo sirve para demostrar la violencia y la injusticia. No es tampoco la belleza, que, a pesar de guardar equilibrio y proporción, no sabe adentrarse en la dádiva ferviente y caritativa. Es algo más que la sabiduría que de por sí es el peldaño más alto del conocimiento. El candor señala una intuición profunda de la existencia, una vivencia absoluta de la bondad, una concentración completa del yo en la ingenuidad y en la inocencia.

El candor no puede ser de vanidad, como muchas veces la sabiduría los es. Lleva en su seno la humildad severa, es conciencia de una profunda intuición pletórica de fe y esperanza.

Y la virtud se establece sobre este candor de la conciencia. Por ello puede llegar al sacrificio y a la felicidad, al dolor y a la vez a la plenitud de placer espiritual. La fe es candor de la conciencia, va hacia un camino únicamente amparado por la visión lejana de pura esencialidad. La fe no es conocimiento, pues entonces tendría un límite reducido en su aspiración y por lo tanto no pretenderá lo eterno y valedero para todos los tiempos.

La caridad es candor, como llama ardiente que se extingue aparentemente en la nada, no tiene la limitación que le puede dar el conocer y sólo aboga por una felicidad de los demás sobre la base de una conciencia candorosa.

Las virtudes cristianas tienen ese contenido de candor y todas las sentencias virtuosas de mayor trascendencia como las de Lao-Tse y Confucio, Krishna y Budha; siempre se han referido, en último término, a ese poder de la intuición que posee al hombre para seguir una existencia ingenuamente creadora, candorosamente consciente.

El siglo doce adquiere un esplendor maravilloso cuando Bernardo de Claraval nos dice: "Virtus est contenta candore conscientiae". Semeja esta llamada la que hicieron recientemente Beethoven al escribir su Novena Sinfonía siguiendo la huella luminosa del verso de Shiller. Parece el destiño del dolor que supiera forjar en el Renacimiento Miguel Ángel al esculpir La Pietá. Semeja el llamado de un Coral de Johann Sebastian Bach o la oración fervorosa del Canto Llano en la exquisita Edad Media.

Queda grabada en la memoria como un recuerdo de una diafanidad absoluta, la sentencia de San Bernardo y aspiramos con ansia vehemente a ese poder que semeja humildad pero que lleva la más pura grandiosidad del espíritu hermano como es el candor de la conciencia.

# De Vita Beata de Séneca

Oculis de homini non credo; habeo melius et certius lunes. Animi bonum animus inveniat. No me fío de los ojos para juzgar a un hombre, tengo una luz más cierta y mejor. El alma es la que encuentra lo que es bueno para el alma.

Ciertamente lo que dice Lucio Anneo Séneca en su *Vida Bienaventurada* corresponde a una profunda visión de la vida. En esta simple sentencia se distinguen dos pensamientos nobles: los sentidos jamás nos darán cuenta de la virtud del hombre, y lo espiritual sólo se encuentra por el camino de lo espiritual.

Oculis de homini non credo, ni de la apariencia, ni de aquello que sólo se descubre en el exterior. Busquemos el bien que se encuentra en lo más íntimo del corazón humano. Quaeramus aliquod non inspeciem bonum, sed solidum et aequale et a secretiore parte formisius; hoc oruamus. Ha dicho sabiamente el filósofo.

Cuantas veces nos hemos guiado por la apariencia y en los semejantes sólo hemos estimado lo superfluo y vacío. Vicio con ropaje de virtud, nobleza en cuerpo desmembrado y escuálido. Ignorancia cubierta por ostentativa erudición, sabiduría en palabra fácil y llana.

Y esto aplicado a la enseñanza, es el falso criterio del profesor para con los alumnos no sabiendo descubrir a los discípulos de penetrante intuición y prodigando elogios para los vanos y superficiales. Error que conduce, en muchas ocasiones, a la nulificación de valores incipientes y a la exaltación de nulidades.

El segundo punto de vista de la sentencia es más profundo. Sólo lo anímico se entrega a lo anímico. Sólo el alma es capaz de captar las esencialidades del espíritu. Nadie comprende la virtud sin tener el germen de ella en el corazón. Ninguno puede llegar a ser feliz ante la contemplación de un bello lienzo de Rembrandt o ante la audición de una sinfonía de Brahms, si no guarda en el alma esa adaptación a los bellos coloridos y formas, a las más pulidas armonías y penetrantes ritmos.

Lo semejante sólo se entrega a lo semejante.

Para llegar a comprender, amar y ejercitar la virtud, es necesario hacer el ambiente propicio en el alma. Llenarla de saluda y sanidad, proporcionarle la libertad y la paz necesarias. Beata est ergo vita conveniens naturae suae, quae non aliter contingere potest, quam si primum sana mens est et in perpetua possessione sanitatis suae... ha dicho Séneca. La vida bienaventurada sólo puede acontecer si la mente está sana y en perpetua posesión de salud. Pero además posee: perpetuam tranquilitatem, libertatem depulsis iis, y por ello puede llegar a un "gaudium subit, inconcussum et aequale, tum pax et concordia animi et magnitudo cum mansuetudine". Es decir, a un placer inmenso, estable e igual, al dominio de la paz, de la concordia del alma y de la grandeza con el poder de la mansedumbre.

Crear en el ánimo del niño esta sanidad espiritual, debe ser el primer soporte de una buena educación. Nada superará en la enseñanza que el proporcionar a los alumnos esas mentes ingenuas, sencillas, llenas de fervor para la libertad y embriagadas de paz y tranquilidad amorosa.

Los conocimientos se olvidan con el tiempo, sólo dura lo profundo que puede sellarse en el espíritu, y es el sentido de la candidez a que se referían los más claros intelectos medioevales al mencionar la sobria ebrietas.

Animi bonum animás inveniant... ha dicho sabiamente el Estoicismo del siglo I en la diestra pluma de Lucio Anneo Séneca.

Rabindranath Tagore

# Glosando a Tagore

"Cuánto hay de disonante y desapacible en mi vida, fúndese en una dulce armonía y mi adoración alas despliega, como un pájaro alegre en raudo vuelo sobre el mar".

Tales palabras de Rabindranath Tagore señalan un modo de realización espiritual. Convertir la disonancia y el dolor en una dulce armonía, coronar la lucha angustiosa con el raudo valor del ave en la región de lo interno y espiritual; tales pueden ser las mutaciones que lleven paz y felicidad a la conciencia.

¡Cuánto existe de disonante y desapacible en nuestra conciencia! ¡Cuántas formas se enlazan en la vida para llevarnos al decaimiento y al pesimismo! ¡Cuántas desilusiones abordan el día de cada existencia para hacer zozobrar la nave de la paz y de la felicidad humana!

Y, sin embargo, sólo un espíritu suficientemente pulido sabe superar esta preocupación y convertir en dulce armonía la tempestad y el torbellino que se ha desatado sobre nuestras vidas.

Y a pesar de todo, la adoración que despliega sus alas, es capaz de llevar la pureza de las ideas, la sencillez de la emoción, el aura del amor a la conciencia, para transformar en belleza, la fealdad aparente; en verdad, la mentira convencional, en bondad, el arrebato de la pasión.

Y cuando la palabra amorosa de la adoración surge como brebaje al químico para convertir los metales pobres en oro, y la dulce armonía inunda todo el confín del espíritu con un ambiente de paz y de realización humanas, entonces se llega a las regiones maravillosas del mar en su mensaje de eternidad, con el vuelo alegre y fugaz de un ave que en su canto lleva la libertad, en su mirada, profundiza el universo cuajado de estrellas, y en su raudo vuelo, entrega un mensaje de plenitud espiritual a los misteriosos crepúsculos y a las deslumbrantes auroras. Símbolos de una vida que se consume en el fuego de la purificación y renace en el calor fertilizante de un nuevo día.

# OSCAR WILDE Y LA TRAGEDIA DE UNA VIDA

Pocos hombres han sentido más profundamente el remordimiento y el dolor como el notable poeta inglés: Oscar Wilde. Artista de una sensibilidad exquisita descubre la perdición como una fatalidad y no sabe encubrirla, ni intenta justificarla. La reconoce como la palabra del destino y como la flaqueza de su propia alma.

La viste de ropaje literario en prosa y en verso, pero no la acepta y siente el remordimiento exhalando suspiros y elevando una plegaria de perdón en su magnífica obra *De Profundis*, que es el lamento de un Job, la expiación de una Magdalena y el arrepentimiento de San Agustín.

"With us time itself does not progress. It seems to circle round one center of pain"

"Para nosotros el tiempo mismo no progresa. Parece regresar y a la vez, descubrir un círculo cuyo centro es el dolor".

El tiempo que se eterniza en el ser que se ha encontrado a sí mismo. Ese tiempo a que alude Heidegger y que no es otra cosa más que la existencia misma. El espíritu se presenta en un microcosmos o una mónada que tiene todo el tiempo como núcleo y no transcurre más que en su propia evolución.

Pero si la existencia es el tiempo en su infinidad, hay algo que siempre rodea y como sistema estelar gira sobre el mismo punto, y este es el dolor.

He aquí al metafísico que ha intuido la palabra de San Agustín y el concepto de la Fenomenología actual; pero también he aquí al místico y al asceta que se interna voluntariamente en el dolor que salva.

Con mucha razón preludia su obra diciéndonos:

". . . Suffering is one very long moment . . ."

Sufrir es un larguísimo momento.

Y es natural, entona entonces el himno al dolor:

"Prosperity, pleasure and success, may be rough of grain and common in fiber, but sorrow is the most sensitive of all created things. There is nothing that stirs in the whole world of thought to which sorrow does not vibrate and exquisite pulsation. The thin beaten–out leaf of tremulous gold that chronicles the direction of forces the eyes cannot see is in comparison coarse".

"La prosperidad, el placer y el éxito pueden ser vulgares y comunes en su esencia, pero el dolor es la más sensible de todas las cosas creadas. Nada se mueve en el mundo del pensamiento sin que el dolor responda con vibraciones infinitamente vivas y terribles. Ellas comparadas con la trémula hoja de oro batido que registra la dirección de fuerzas que el ojo no puede percibir, son de mayor sensibilidad".

Al relacionar el dolor con el amor llega a esta magnífica sentencia:

"It is a wound that bleeds when any hand but that of love touches it, and even then must bleed again, though not in pain".

"El dolor es una herida que sangra siempre cuando la toca cualesquiera mano que no sea la del amor, y si ésta la toca, también sangra, pero no por cierto de sufrimiento".

Es decir, la incomprensión causa la más profunda pena, en cambio el amor señala en el alma dolorida el sentimiento de superación fincado en el propio dolor.

"Donde hay dolor ahí es tierra santa".
"Where there is sorrow there is holy ground".

Pues para Wilde "el dolor es el tipo último, la categoría suprema en la vida y en el arte. Detrás de la risa y de la alegría puede encontrarse un temperamento que puede ser vulgar, duro e insensible; pero, en cambio, detrás del dolor hay siempre dolor".

"But sorrow in the ultimate type both in life an art… Behind joy and laughter there may be a temperament, coarse, hard and callous. But behind sorrow there is always sorrow".

Para llegar a decir:

"Es más exacto todavía pensar que detrás del dolor hay siempre un alma".

"It were wiser still to say that behind sorrow there is always a soul".

¿Expresiones de poeta?

¿Pensamientos de filósofos?

Todo a la vez, porque cuando la existencia se descubre a sí misma, el alma se iguala a todas las almas y se ha encontrado el sentido de que hablara Lao-Tse.

# El mundo nuevo

La física contemporánea puede señalarse como una física epistemological que investiga directamente el conocimiento: contrastando con la física que unicamente se refería al ente.

"En la física clásica, la investigación conducía a encontrar ecuaciones que trataban de los movimientos, posiciones, etc, de las particulas en un instante dado con relación a los momentos, posiciones, etc. de esas mismas partículas en un instante posterior al primero. En cambio la teoría moderna de los kuantos trata de vincular mediante ecuac iones, nuestro conocimiento de las posiciones, movimiento, etc; de esas mismas partículas en un instante posterior al primero" nos dice Arthur Eddington.

"El simbolismo matemático representa nuestro conocimiento y las ecuaciones matemáticas expresan cómo cambia con el tiempo ese mismo conocimiento" nos vuelve a afirmar el mismo físico

Con estas ideas se ve como las teorías modernas de la física están tomando una actitud de interpretación al propio conocimiento y el simbolismo matemático solo se refiere a nuestro conocimiento y en cambio las ecuaciones y los postulados matemáticos no establecesn comportamiento de la realidad sino desarrollo y evolución del propio conocimiento.

En realidad no sólo se opera un cambio radical en la consideración del mundo, sino en la estimación de los elementoss ultimos de la matemática.

La mecánica ondulatoria investiga la distribución de la probabilidad en función del tiempo, la analiza poniéndola en forma de ondas y determina las leyes de propagación de esas ondas, las cuales generalmente tienden a difundirse. O sea, nuestro conocimiento de la posición de un sistema se hace menos preciso a medida que transcurre el tiempo desde el momento en el cual se hizo la observación. Señalamiento éste que encontramos en los textos modernos y que viene a ser una nueva manera de interpretar el mundo y la inteligencia.

El mismo Eddington en su obra "The Philosophy of Physical Science" nos dice textualmente:

"Un aumento brusco de nuestro conocimiento, o sea el enterarnos del resultado de una afirmación se manifiesta como una discontinuidad en el mundo de las ondas de probabilidad, la probabilidad se concentra, y la propagación comienza de nuevo a partir de la nueva distribución de la probabilidad que no difunde o que difunde muy lentamente, de modo que nuestro conocimiento de la propiedad nos responde correspondiente y no disminuye tan rápidamente con el tiempo. Así es que se presta atención particular a estos estados estacionarios, y a las ecuaciones que los determina, puesto que ellas sirven de base a predicciones pálidas para períodos largos de tiempo"

La onda representa nuestro conocimiento de electromo.

Es malo identificar la teoría con las situaciones matemáticas. Hay que saber en qué caso las ecuaciones conservan su caracter de invariantes y en qué caso un sistema dado de coordenadas es general de ondas y las relaciones de variancia son aplicables.

La ley de probabilidad es la más interesante, por lo mismo de la física actual.

He aquí un campo que debe abordarse para comprender la física moderna, lo que nos podrá llevar a descubrir un mundo nuevo en que se encuentran aún elementos inobservables de tanta validez como aquellos que se muestran a los sentidos de manera tangible.

Modificaciones en la concepción del Universo y a la vez las formaciones radicales para percatarnos de lo que el conocimiento entraña en sus fuentes mismas: La lógica y la matemática.

# El progreso cientifico base de una nueva educacion

La ciencia descubre los horizontes más ocultos a la percepción sencilla e ingenua. Llega actualmente a la estructura de las partículas del átomo y encuentra las leyes de los Universos islas. Ahonda la naturaleza vital del hombre y toma la máxima fuerza en desintegraciones y liberaciones de energía.

Es incalculable el progreso científico y no solo encuentra nuevas leyes y principios sino que también exige determinar nuevos postulados en la manera de pensar de aquellos que formularan Aristóteles.

Ya se exigen novísimas bases conceptuales para el dominio de las ciencias físico-químicas, para explicar el comportamiento de los seres vivientes y para determinar el proceso de la mente. Hay una semejanza notable entre la teoría clásica de los tres famosos principios lógicos de identidad, contradicción y tercero excluído y la geometría euclideana; así como las geometrías no euclidianas que aprovechan Einstein y Planck, Heisernberg y

Milikan con relación a las nuevas aportaciones lógicas de la dialéctica y de los grupos.

La educación se forma sobre estas nuevas bases, con un sentido más cercano a lo real y objetivo. Ya no es el concepto cuadrático, absolutamente ideal el que satisface a la ciencia contemporánea; es el aliento vital, es el desarrollo indeterminado de la ciencia atómica, es la síntesis de la tésis y de la antítesis; lo que determina una nueva manera de pensar y sobre todo de conceptual al Universo y la Vida.

Cuando el Atículo 3ro establece la base científica como el más firme pedestal de la Educación, se piensa inmediatamente en estos bastos dominios que causan sorpresa no solo por la novedad de llegar a la fuerza prepotente de la liberación de la energía en la llamada bomba atómica, o en sensacional contacto con la luna; y el sol por medio del radar; sino en la modificación de la mente para darse cuenta de un mundo que está muy alejado de la lógica silogística de Aristóteles y aún de la inductivista descubierta en el Renacimiento; maneras de pensar que fueron patrimonio de la Cultura del Oriente, y especialmente de la India.

Es indudable que la Educación no se detiene unicamente en este peldaño científico, va directamente a la emoción que nutre el amor a la Patria, el respeto a los ideales de los demás hombres y la mejor comprensión de la conviabilidad universal en un estado de paz fructífero para la realización plena del espíritu.

La base científica queda, sin embargo, en un primer término. Ella, por sí, ya lleva innovaciones sorprendentes. Supone formas de pensar y conocer diferentes. Hay la posibilidad que debe realizarse de una verdadera Sociología del Saber. Se requiere una mente y un funcionamiento inteligente especiales para captar el principio de indeterminación que establece la Mecánica

Ondulatoria, o una visión nueva de la realación causal para comprender la Tésis Cósmica de la Relatividad.

Sobre estas bases, la Educación supone un nuevo sendero de profunda responsabilidad en el Maestro, puesto que así, como hay que señalar nuevas formas de emotividad artística, así también hay que preparar la mente de los jóvenes para explicar y entender la nueva ciencia que descubre dominios inmensos tanto en lo infinitivamente pequeño como en lo infinitamente grande.

# La ciencia y la moral

Se discute en los centros filosóficos la preferencia que debe darse a la ciencia o a la Moral. La Guerra que aún actualmente sufrimos sus consecuencias, ha dado la lección evidente de que la sola ciencia no conduce a la felicidad. Los hombres convertidos en máquinas, sin mas pensamiento que la utilidad y el dominio de la naturaleza, forjaron una juventud sin sentimientos; máquinas vivientes sin conciencia ni alma.

Solo fue objeto de la enseñanza el saber de dominio y los saberes cultos y de salvación quedaron relegados como cosas inútiles.

!Qué vana creencia! El concepto del hombre sufrió su máxima depresión. No se pensó más que en lo material y oportuno y mientras, las cancillerías daban el mentis más rotundo a la veracidad y a la lealtad.

Un mundo de máquinas, sin la magnífica realidad humana, unicamente para la conquista del mundo y la esclavitud de los hombres.

Todas las escuelas, incluyendo las Universidades volvieron su mirada a la fuerza de destrucción, al encanijamiento de todos los sentimientos nobles de la humanidad; y se presentó el espectáculo triste de desolación moral que aún estamos viviendo.

El saber de cultura que se finca en la integración del hombre, señalándolo como un microcosmos y un ente de humanización, se despreció; y con mayor razón el saber de salvación, ya que este implicaba un concepto de trascendencia y una afirmación de valor divino.

Las consecuencias no se dejaron esperar. El desquiciamiento moral ha venido. La juventud y la madurez sólo tienen un concepto reducido y mediocre de la vida y del universo; la Moral no llega sino hasta donde el yo se impone para ganancias sobre los demás hombres y para la conquista artera de territorios y mercados La paz no se discute frente al problema de las ganancias materiales. La fraternidad ha desaparecido en el desenfreno de las pasiones y el adiestramiento de los medios de destrucción.

Frente a este caos, urge volver sobre el sendero recto. Se exige una renovación de los hombres sobre una pedagogía de mayor sentido humano. La enseñanza de la Moral, el ejemplo de prudencia, de verdadero valor, de dignidad, requieren su justo puesto. Volvamos a un humanismo integral, respetemos lo que es el hombre, lo que debe ser. Impulsemos las fuerzas del espíritu. Contemplemos la naturaleza con el deleite que causa una obra bella, al Universo con la admiración que produce una obra perfecta y magnífica. Veamos en los hombres, no sólo medios, sino fines. Respetemos los ideales más caros de la Historia, demos a nuestros alumnos una nueva visión del progreso humano sobre el respeto a la conciencia, a la bondad, a la justicia y al progreso espiritual.

Recordemos la sentencia:

*"La virtud es el orden en el amor"* de San Agustín

Solo falta una conquista al hombre, la conquista de nosotros mismos, la conquista de nuestro propio espíritu.

Retornemos a la enseñanza de la conquista de lo mataerial para afirmar la reconquista del Nosotros. Vólvamos a los dominios de nuestro propio ser.

Julio de 1946

# La linea y el color
# en la obra artistica

"Cuando se pinta se dibuja" Esta expresión de Cezanne compendia todo un tratado y una nueva doctrina para establecer los límites entre el color y la línea.

Ya Leonardo de Vinci defiende el poder de la línea que limita el color y le da un valor extraordinario. Ya otros doctrinarios afirman el valor de color y niegan la importancia de la línea. En cambio el pintor del expresionismo, sabrá decirnos que cuando se pinta se dibuja, y, por lo tanto, se hace una síntesis de enorme valor estético.

Si esto acontece en el arte de la pintura, cosa parecida nos vamos a encontrar en la música. El arte didbujístico de Mozart señala una importancia definitive a la línea y le da un carácter de perfección en todos sus momentos.

El arte pictórico de Beethoven, que siempre imaginó su melodía en ambiente, sus acordes como reproducidos en los timbres de la orquesta, señala la preferencia del color sobre la línea en arte que tiene la audición interna como representativa de las pasiones y virtudes humanas.

En cambio cuando se llega a la obra de Debussy, a la manifestación que trata de captar la vida misma en su fuga movimiento y que parece que se pierde la melodía en la neblina de las tonalidades imprecisas y en los timbres más ocultos, entonces estamos contemplando la síntesis de la línea y el color.

Porque las pinceladas que entregan las melodías, los colores avinados que se captan en una imprecisión que sólo pudo lograrse en los vitrales de las catedrales góticas, muestran el poder de la síntesis del color y que se limita en su propia naturaleza.

La Mar de Debussy intuye el vaivén de las olas producido por la fuerza de los vientos y las atracciones lunares, empleando la precisión de la línea melódica por el colorido de sus timbres orquestales y la inquietud de sus disonancias. Es el diálogo del viento y el mar el que nos hae vivir una nueva sensibilidad.

Es indudable que las obras máximas de Mozart y Beethoven no sólo tienen las primeras, líneas y las segundas, color. La intuición de Mozart era suficientemente amplia para poder forjar un contenido a la línea melódica y descubrir un color a la interpretación de sus frases. Es también indudable que la obra beethoveniana siempre supo del poder de la forma que allá a lo lejos se percibe a pesar de sus preferentes ambientes armónicos y de sus claro-oscuros rembranescos. Pero tiene la fuerza necesaria: Mozat para hacernos sentir la no preferencia de la línea; y Beethoven la no supremacía del color. Aún más, no tuvieron el poder suficiente para mostrar esa síntesis suprema a que aspiraba Cesanne en la pintura y a la cual llegó el arte musical de Juan Sebastian Bach.

La obra artística suprema es la realización sintética de los supuestos. Y así como eso hemos encontrado la síntesis entre la claridad y la oscuridad, ahora descubrimos la síntesis entre el color y la línea.

Muchos ejemplos pueden mostrase a través de las artes plásticas y de la música y estos nos dirán de la intuición de los artistas que la simple descripción cronológica de sus obras o el analisis conceptual de sus producciones.

# La pedagogia de Rabindranath Tagore

La reciente desaparición del poeta-pedagogo indio que acertó a crear en su país una de las más bellas instituciones a que la Historia de la Educación pueda referirse, merece bien un comentario. Cerca de Bolpur, se halla situada su famosa escuela de "Santiniketan" (morada apacible) anexa al "sarham" o santuario, que Davendranath Tagore, padre de éste, instituyera, sobre fértiles terrenos, para refugio y edificación espirituales.

Rabindranath Tagores, representa, junto al espíritu de la tradición de su país, el decidido ánimo de progreso. Lo atestigua coordinando disciplinas tan antagónicas, como la meditación con la actividad, de la que hubo de mostrarse muy partidario. Dedúcese la Pedagogía de Tagore, - ya que el maestro no escribió, casi, sobre la materia, - de su producción literaria, siempre cargada de inspiración lírica y filosófica.

Tagore sigue la tradición India, no solamente en su religiosidad, sino en su inclinación a la modestia, en su poco aprecio a los honores y bienes materiales – sabido es que renunció el principado que hubo de concederle Gran Bretaña;- en su franciscana devoción hacia las criaturas, aún las más humildes. Su pedagogía refleja, en cierto modo, los caracteres de su literatura, mística y serena, en la que el corazón nunca está dormido y que con frecuencia, se hunde en el misterio.

"Santiniketan", forma al niño indio que responde al alma de Tagore; pero como aquella se compagina con la nacional, no hay antagonismo. Por lo que toca a los fermentos de la renovación, éstos son infusos de tal manera, que no provocan reacción contraria. El prestigio del fundador suple, por otra parte, cualquiera falla en el aspecto que comentamos.

Para Tagore, la disciplina es algo espontáneo, que surge de la convivencia, del mutuo interés de maestros y discípulos, por satisfacer legítimos impulsos de índole intelectual, moral o estético. No se llega, naturalmente a las aberraciones tolstoianas.

Una escuela, como la de Tagore, al aire libre, en el corazón de la selva India, no tiene para qué extremar la idea de coacción; pero en cuanto constituye sociedad humana, deberá regirse por una ley. Aquí supérase la tradición al adoptarse, no el sistema indio autoritario, sino el demócrata, que se auxilia del "self gouverment" y, para las faltas graves, de unos tribunales constituidos por alumnos, cuyas decisiones son generalmente aceptadas por los maestros.

Pears, observó, por otra parte, cómo los discípulos, más de una vez, atendían, sentados sobre las ramas de los arboles, a las lecciones que sólo la lluvia impide se den al aire libre: "aula maxima" de esta institución que carece de aulas, y la libertad con que, llegada aquélla, suelan salir desnudos a recibirla, cosa comprensible dada la sencillez de las costumbres y el proverbial ardor del clima indio.

En Santiniketan", responde el horario al clima: los ejercicios, poco librescos, efectúan durante las primeras horas de la mañana y últimas de la tarde, no siendo raro que se utilicen también las noches de luna llena, costumbre oriental de origen religioso.

Como en "Yasnaia Poliana", la escuela de Tolstoi, se enseñan en la de Tagore, las materias de la instrucción –elemental - lengua, matemática, ciencias naturales – recurriendo frecuentemente a la conversación familiar, que sugiere y estimula; pero, en contraposición con la del pedagogo eslavo, se da a las prácticas (susceptibles, por otra parte, de cierto margen de espontaneidad o autonomía,) una importancia que acaso deje de entrever el influjo de Pestalozzi, auque el aspecto profesional o de aprendizaje se halle aquí ausente. Alusiones como éstas creemos que no cáen fuera de ocasión, pues el pedagogo que comentamos se le ha venido en ciertos aspectos, a comparar con los anteriores.

Sistemáticamente, rehúyese, como quería Rousseau, la pedantesca minuciosidad que no responde a los estímulos de la psicología o a las orientaciones de una instrucción plena de sentido, para atender, con preferencia, a las "Ideas madres".

Merece atenciones el cultivo del idioma patrio; lo que no impide se enseñe inglés; pero más que aprendidas con anticipación o directamente, las normas lógicas y gramaticales que constituyen el armazón de este conocimiento, éstas son deducidas prácticamente del estudio y meditación de las producciones ya mutuamente saboreadas o vividas por los alumnos y maestros durante las horas de convivencia en el internado. Huelga decir como es de variada y sugestiva una tarea en la que los relatos tradicionales, cuentos, danzas, canciones, los recitados de poemas y representaciones de obras dramáticas, en su mayor parte de Tagore, y, a veces escritos por su institución expresamente, constituyen algo así como el espíritu vital que las mueve y signe.

Justamente Tagliatela, pone de relieve esta relación genial entre lo literato y lo pedagógico, que tertimonian producciones como "El Cartero del Rey", y "La Luna Nueva" y que, al inculcar sus ideas y sentimientos, constituye una de las más sólidas bases de la Pedagogía tagordiana.

El poder de la Pedagogía de Rabindranath Tagore, no reside en los artificios técnicos ni en motivos de índole externa, sino en la necesidad de adaptación del hombre a Dios y al Cosmos, de beneficencia y de justicia. Si sus objetivos fundamentales responden sobre todo el alma India, a su tradición y a los imperativos de una existencia, poco nutrida de aspiraciones utilitarias – oriental en suma, - y debe reconocerse su sentido de profundidad y adaptación al medio, que no excluye, por otra parte, la idea de reforma y la incorporación a su sistema educativo de otros valores occidentales como la actividad y la autonomía.

# Biografía del Dr. Adalberto García de Mendoza

El Dr. Adalberto García de Mendoza, reconocido como "El Padre del Neokantismo Mexicano". Fue profesor erudito de filosofía y Música en la Universidad Nacional Autónoma de México por más de treinta y cinco años. Escribió aproximadamente setenta y cinco obras de filosofía (existencialismo, lógica, fenomenología, epistemología) y música. También escribió obras de teatro, obras literarias e innumerables ensayos, artículos y conferencias.

Nació en Pachuca, Hidalgo el 27 de marzo de 1900. En 1918 recibe una beca del Gobierno Mexicano para estudiar en Leipzig, Alemania donde toma cursos lectivos de piano y composición triunfando en un concurso internacional de improvisación.

Regresó a México en el año 1926, después de haber vivido en Alemania siete años estudiando en las Universidades de Leipsig, Heidelberg, Hamburg, Frankfurt, Freiburg, Cologne, y Marburg. Ahí siguió cursos con Rickert, Cassirer, Husserl, Scheler, Natorp y Heidegger, de modo que su formación Filosófica se hizo en contacto con la fenomenología, el neokantismo, el existencialismo y la axiología, doctrinas filosóficas que por entonces eran desconocidas en México.

Al año siguiente de su llegada en 1927, inició un curso de lógica en la Escuela Nacional Preparatoria y otros de metafísica, epistemología analítica y fenomenología en la Facultad de Filosofía y Letras. En estos cursos se introdujeron en la Universidad Nacional Autónoma de México las nuevas direcciones de la filosofía alemana, siendo el primero en enseñar en México el neokantismo de Baden y Marburgo, la fenomenología de Husserl y el existencialismo de Heidegger.

En 1929 recibió el título de Maestro en Filosofía y más tarde en 1936 obtuvo el título de Doctor en Filosofía. También terminó su carrera de ingeniero y mas tarde terminó su carrera de Licenciado en Derecho en la Universidad Nacional Autónoma de México. Ingresó al Conservatorio Nacional de Música de México donde rivalizó sus estudios hechos en Alemania y recibe en 1940 el título de Maestro de Música Pianista.

En 1929 el Dr. García de Mendoza hizo una gira cultural al Japón, representando a la Universidad Nacional Autónoma de México. Dio una serie de conferencias en la Universidad Imperial de Tokio y las Universidades de Kioto, Osaka, Nagoya, Yamada, Nikko, Nara Meiji y Keio. En 1933 la Universidad de Nuevo León lo invita para impartir 30 conferencias sobre fenomenología.

De 1938 a 1943 fue Director del Conservatorio Nacional de Música en México. Aquí mismo impartió clases de Estética Musical y Pedagogía Musicales.

En 1940 la Kokusai Bunka Shinkokai, en conmemoración a la Vigésima Sexta Centuria del Imperio Nipón, convocó un concurso Internacional de Filosofía, donde el Dr. García de Mendoza obtuvo el primer premio internacional con su libro "Visiones de Oriente." Es una obra inspirada en conceptos filosóficos Orientales. Recibió dicho premio personalmente en Japón en el año de 1954 por el Príncipe Takamatzu, hermano del Emperador del Japón.

Desde 1946 hasta 1963 fue catedrático de la Escuela Nacional Preparatoria (No 1, 2 y 6) dando clases de filosofía, lógica y cultura musical. También desde 1950 hasta 1963 fue catedrático en la Facultad de Filosofía y Letras y la Facultad de Ciencias Políticas de la UNAM dando clases de metafísica, didáctica de la filosofía, metafísica y epistemología analítica. También dio las clases de filosofía de la música y filosofía de la religión, siendo el fundador e iniciador de estas clases.

Desde 1945 a 1953 fue comentarista musicólogo por la Radio KELA en su programa "Horizontes Musicales." En estos mismos años dio una serie de conferencias sobre temas filosóficos y culturales intituladas: "Por el Mundo de la Filosofía." y "Por el Mundo de la Cultura" en la Radio Universidad, Radio Gobernación y la XELA.

Desde 1948 a 1963 fue inspector de los programas de matemáticas en las secundarias particulares incorporadas a la Secretaría de Educación Pública. En estos mismos años también fue inspector de los programas de cultura musical, filosofía, lógica, ética y filología en las preparatorias particulares incorporadas a la Universidad Nacional Autónoma de México.

Además fue Presidente de la Sección de Filosofía y Matemáticas del Ateneo de Ciencias y Artes de México. Fue miembro del Colegio de Doctores de la UNAM; de la Comisión Nacional de Cooperación Intelectual Mexicana; de la Asociación de Artistas y Escritores Latinoamericanos; del Ateneo Musical Mexicano; de la Tribuna de México; del Consejo Técnico de la Escuela Nacional Preparatoria de la UNAM y de la Liga de Escritores y Artistas Revolucionarios (LEAR).

Fue un ágil traductor del alemán, inglés y francés. Conocía además el latín y el griego. Hizo varias traducciones filosóficas del inglés, francés y alemán al español.

En 1962 recibió un diploma otorgado por la UNAM al cumplir 35 años como catedrático.

Falleció el 27 de septiembre de 1963 en la Ciudad de México.

**TRATADO DE LÓGICA: SIGNIFICACIONES (PRIMERA PARTE)**
Obra que sirvió de texto en la UNAM donde se introdujo el
Neokantismo, la Fenomenología, y el Existencialismo. 1932.
Edición agotada.

**TRATADO DE LÓGICA: ESENCIAS-JUICIO-CONCEPTO (SEGUNDA PARTE)**
Texto en la UNAM. 1932.
Edición agotada.

**ANALES DEL CONSERVATORIO NACIONAL DE MÚSICA (VOLUMEN 1)**
Clases y programas del Conservatorio
Nacional de Música de México. 1941.
Edición agotada.

**FILOSOFÍA MODERNA HUSSERL, SCHELLER, HEIDEGER**
Conferencias en la Universidad Autónoma de Nuevo Leon.
Se expone la filosofía alemana contemporánea a través de estos tres
fenomenólogos alemanes. 1933.
Editorial Jitanjáfora 2004.
redutac@hotmail.com

**VISIONES DE ORIENTE**
Obra inspirada en conceptos filosóficos Orientales. En 1930
este libro recibe el Primer Premio Internacional de Filosofía.
Editorial Jitanjáfora 2007.
redutac@hotmail.com

**CONFERENCIAS DE JAPÓN**
Confencias sustentadas en la Universidad Imperial de Tokio
y diferentes Universidades de México y Japón. 1931-1934.
Editorial Jitanjáforea 2009.
redutac@hotmail.com

**EL SENTIDO HUMANISTA EN LA OBRA DE JUAN SEBASTIAN BACH**
Reflexiones Filosoficas sobre la vida y la obra
de Juan Sebastian Bach. 1938.
Editorial García de Mendoza 2008.
www.adalbertogarciademendoza.com

**JUAN SEBASTIAN BACH**
**UN EJEMPLO DE VIRTUD**
Escrito en el segundo centenario de la muerte de Juan Sebastian Bach
inpirado en "La pequeña cronica de Ana Magdalena Bach." 1950.
Editorial García de Mendoza 2008.
www.adalbertogarciademendoza.com

**EL EXCOLEGIO NOVICIADO DE TEPOTZOTLÁN**
**ACTUAL MUSEO NACIONAL DEL VIRREINATO**
Disertación filosófica sobre las capillas, retablos
y cuadros del templo de San Francisco Javier en 1936.
Editorial García de Mendoza 2010.
www.adalbertogarciademendoza.com

**LAS SIETE ULTIMAS PALABRAS DE JESÚS**
**COMENTARIOS A LA OBRA DE JOSEF HAYDN**
Disertación filosófica sobre la musíca, la pintura,
la literatura y la escúltura. 1945.
Editorial García de Mendoza 2011.
www.adalbertogarciademendoza.com

## LA TEORÍA DE LA RELATIVIDAD DE EINSTEIN

Einstein unifica en una sola formula todas las fuerzas de la Física.
Y afirma que el mundo necesita la paz y con ella se conseguirá la
prósperida de la cultura y de su bienestar. 1936.
Editorial Palibrio 2012.
Ventas@palibrio.com

## LA FILOSOFÍA JUDAICA DE MAIMÓNIDES

Bosquejo de la ética de Maimónides sobre el problema de la
libertad humana y la afirmación del humanismo, las dos más fuertes
argumentaciones sobre la existencia. 1938.
Editorial Palibrio 2012.
Ventas@palibrio.com

## JOHANN WOLFGANG VON GOETHE

Obra escrita en el Segundo centenario del nacimiento de Johann
Wolfgang Goethe, genio múltiple que supo llegar a las profundidades
de la Filosofía, de la Poesía y de las Ciencia. 1949.
Editorial Palibrio 2012.
Ventas@Palibrio.com

## LAS SIETE ULTIMAS PALABRAS DE JESÚS
## COMENTARIOS A LA OBRA DE JOSEF HAYDN. SEGUNDA EDICIÓN

Disertación filosófica sobre la música, la pintura,
la literatura y la escúltura. 1945.
Editorial Palibrio 2012.
Ventas@Palibrio.com

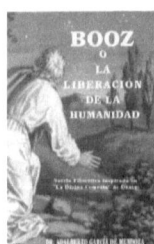

## BOOZ O LA LIBERACIÓN DE LA HUMANIDAD

Novela filosófica inspirada en "La Divina Comedia" de Dante. 1947.
Editorial Palibrio 2012.
Ventas@Palibrio.com

### Rainer Maria Rilke El Poeta de la Vida Monástica

Semblanza e interpretación de la primera parte del "Libro de las Horas"
"Das Buch von Mönchischen Leben" de Rilke
llamado "Libro de la Vida Monástica." 1951.
Editorial Palibrio 2012.
Ventas @Palibrio.com

### Horizontels Musicales

Comentarios sobre las más bellas obras musicales. Dichos comentarios fueron
transmitidos por la Radio Difusora Metropolitana XELA de la Ciudad de
México entre los años 1945 y 1953 en su programa "Horizontes Musicales"
1943
Editorial Palibrio 2012
Ventas@Palibrio.com

### Juan Sebastian Bach
### Un Ejemplo de Virtud. 3ra Edición.

Incluye El Sentido Humanista en la Obra de Juan Sebastian Bach. 1950.
Editorial Palibrio 2012.
Ventas@Palibrio.com

### Acuarelas Musicales

Incluye: El Anillo del Nibelungo de Ricardo Wagner. 1938.
Editorial Palibrio 2012.
Ventas@Palibrio.com

### La Dirección Racionalista Ontológica en la Epistemología

Tesis profesional para el Doctorado en Filosofía presentada en el año 1928.
Facultad de Filosofía y Letras de la Universidad Nacional Autónoma de
México. Presenta las tres clases de conocimientos en cada época cultural. El
empírico, que corresponde al saber del dominio, el especulativo que tiene por
base el pensamiento, y el intuitivo, que sirve para dar bases sólidas de verdades
absolutas a todos los campos del saber. 1928.
Editorial Palibrio 2012.
Ventas@Palibrio.com

### El Existencialismo

En kierkegaard, Dilthey, Heidegger y Sartre.
Programa: "Por el mundo de la cultura." Una nueva concepcion de la vida.
Serie de pláticas transmitidas por la Estación Radio México
sobre el Existencialismo. 1948.
Editorial Palibrio 2012.
Ventas@Palibrio.com

### Fundamentos Filosóficos de la Lógica Dialéctica

Toda verdadera filosofía debe ser realizable en la existencia humana. Filosofía
de la Vida. En estas palabras está el anhelo más profundo de renovación de
nuestra manera de pensar, intuir y vivir. 1937.
Editorial Palibrio 2012.
Ventas@Palibrio.com

### Ekanizhta

La humanidad debe realizarse a través de la existencia. Existencia que
intuye los maravillosos campos de la vida y las perennes lejanías del espíritu.
Existencia llena de angustia ante la vida, pletórica de preocupación ante el
mundo... Existencia radiante de belleza en la creación de lo viviente y en la
floración de lo eterno. 1936.
Editorial Palibrio 2012.
Ventas@Palibrio.com

### Conciertos. Orquesta sinfónica de la Universidad nacional autónoma de México

Henos aquí nuevamente invitados a un Simposio de belleza en donde hemos
de deleitarnos con el arte profundamente humano de Beethoven, trágico de
Wagner, simbólico de Stravinsky, lleno de colorido de Rimsky-Korsakoff,
sugerente de Ravel y demás modernistas. 1949.
Editorial Palibrio 2012.
Ventas@Palibrio.com

### Nuevos principios de lógica y epistemología
### Nuevos aspectos de la filosofía

Conferencias sustentadas en la Universidad Imperial de Tokio y diferentes
Universidades de Japón y México presentadas entre los años 1931 y
1934, donde se exponen los conceptos filosóficos del existencialismo, el
neokantismo, la fenomenología y la axiología, filosofía alemana desconocida
en México en aquella época.
Editorial Palibrio 2013
Ventas@Palibrio.com

### Estética Libro I
### La Dialéctica en el campo de la Estética Trilogías y Antitéticos

Esta obra tiene como propósito ilustrar el criterio del gusto, no solo para las obras llamadas clásicas, sino fundamentalmente para comprender los nuevos intentos del arte a través de la pintura y la música, así como también la literatura, la escultura y la arquitectura que imponen la necesidad de reflexionar sobre su aparente obscuridad o snobismo. 1943.
Editorial Palibrio 2013
Ventas@Palibrio.com

### El Oratorio, La Misa y El Poema Místico
### La Música en el Tiempo

Pláticas sobre los ideales de la Edad Media con el Canto Gregoriano, el Renacimiento con el Mesías de Häendel, el Réquiem de Mozart, la Creación del Mundo de Haydn, el Parsifal de Wagner y la Canción de la tierra de Mahler. 1943.
Editorial Palibrio 2013
Ventas@Palibrio.com

### Función social de las Universidades Americanas
### Segunda Conferencia Interamericana

Crear una cultura americana es un intento que debe fortalecerse con una actividad eficiente y es propiamente el momento propicio para lograr la unificación humana del proletariado sobre bases de dignidad y superación. 1937.
Editorial Palibrio 2013
Ventas@Palibrio.com

### La Evolución de la Lógica de 1910 a 1961
### Reseña histórica de la Lógica

Los libros y las clases presentados por García de Mendoza entre los años 1929 y 1933 son de suma importancia ya que presentan nuevos horizontes en el campo de la Lógica y señalan claramente nuevos derroteros en el estudio de ella. 1961.
Editorial Palibrio 2013
Ventas@Palibrio.com

### Antología de Obras Musicales
### Comentarios

Comentarios sobre las más bellas obras Clásicas Musicales. 1947.
Editorial Palibrio 2013
Ventas@Palibrio.com

MANUAL DE LÓGICA

PRIMER CUADERNO

Obra de suma importancia, que señala la urgente necesidad de emprender nuevos derroteros en el estudio de la Lógica. Descubre nuevos horizontes despertando gran interés por el estudio de esta disciplina. 1930.
Editorial Palibrio 2013
Ventas@Palibrio.com

FILOSOFIA DE LA RELIGIÓN

La Filosofía de la Religión trata de la existencia y de las cualidades de Dios, de su posición frente al mundo en general y al hombre especialmente y de las formas de la religión, desde los puntos de vista psicológico, epistemológico, metafísico e histórico. 1949.
Editorial Palibrio 2013
Ventas@Palibrio.com

POR EL MUNDO DE LA FILOSOFÍA

REFLEXIONES PERSONALES

Conferencias transmitidas por "Radio Universidad" sobre el neokantismo, la fenomenología y el existencialismo, filosofía alemana introducida en México por primera vez en el año de 1927 por el Dr. García de Mendoza. 1949.
Editorial Palibrio 2013
Ventas@Palibrio.com

FUENTE DE LOS VALORES Y LA SOCIOLOGIA DE LA CULTURA

Se establecen las relaciones entre la Ciencia y la Filosofía para darnos cuenta de lugar que debe ocupar la teoría de los valores y el lugar que le corresponde a la Sociología de la Cultura. 1938.
Editorial Palibrio 2013
Ventas@Palibrio.com

IDEAL DE LA PAZ POR EL CAMINO DE LA EDUCACIÓN

Reconocer la dignidad, la igualdad y el respeto a la persona humana es el pináculo de cultura que el mundo futuro exige. Toda la guerra ha sido un destrozo a este ideal; toda ella originada por la barbarie y la ambición, ha llevado al hombre a olvidar la dignidad humana, el respeto al ser humano, la igualdad de los hombres. 1946.
Editorial Palibrio 2014
Ventas@Palibrio.com

### LÓGICA

Libro de texto publicado en 1932 en la UNAM en donde se introdujo la Fenomenología por primera vez en México en 1929, siendo el autor el primer introductor y animador de la Filosofía Alemana en México, reconocido como "El Padre del Neokantismo Mexicano".
Editorial Palibrio 2014
Ventas@Palibrio.com

### SCHUMANN

#### EL ALBUM DE LA JUVENTUD

Schumann escribió este " Album de la Juventud" que es un conjunto de composiciones musicales de una inspiración sublime, inspiradas en poetas como Goethe, Byron, Richter y otros más.
Editorial Palibrio 2014
Ventas@Palibrio.com

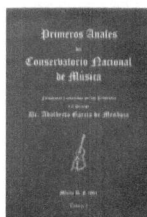

### PRIMEROS ANALES DEL CONSERVATORIO NACIONAL DE MÚSICA

En los "Anales del Conservatorio" se consignan todos los datos necesarios sobre la actividad artística del Conservatorio así como el reglamento y plan de Estudios, Programas de clases, Conferencias y Conciertos.
Editorial Palibrio 2014
Ventas@Palibrio.com

### ENCICLOPEDIA MUSICAL

En este libro encontramos un estudio detenido de los elementos de altura, duración, entonación, intensidad etc que nos dan la facilidad de comprender la belleza de la música y su sentido expresivo.
Editorial Palibrio 2015
Ventas@Palibrio.com

### MUSEO NACIONAL DEL VIRREINATO. TEPOTZOTLÁN

Disertación filosófica de las capillas, los altares y las pinturas del Templo de San Francisco Javier. Documento único y valioso del periodo virreinal de México. 1936.
Editorial Palibrio 2015
Ventas@Palibrio.com

### Epistemología: "Teoría del Conocimiento"

Síntesis de la obra "Teoría del conocimiento" de J. Hessen. Es una introducción a los problemas que el conocimiento plantea. Presenta el vasto panorama de tales cuestiones, los diferentes puntos de vista y las varias soluciones propuestas. 1938.
Editorial Palibrio 2015
Ventas@Palibrio.com

### La filosofía oriental y el puesto de la cultura de Japón en el mundo

Libro premiado con el primer lugar del Concurso Internacional de Filosofía Oriental, cuyo premio le fue entregado en Japón por Su Alteza Imperial, el principe Takamatsu, hermano del Emperador de Japón. 1930.
Editorial Palibrio 2015
Ventas@Palibrio.com

### Fenomenología. Filosofía moderna

Fenomenología: Filosofía moderna expone la filosofía Alemana contemporanea a través de las ideas de los fenomenó logos: Husserl, Scheler y Heidegger. 1933
Editorial Palibrio 2015
Ventas@Palibrio.com

### Romanticismo en la vida y la obra de Chopín

El romanticismo en la obra de Chopín canta con la libertad más grande y entona la romántica frase, pinta con enardecimiento su más íntima convicción y hace versos en la intimidad de su corazón. 1949
Editorial Palibrio 2015
Ventas@Palibrio.com

### Derecho existencial

"El Derecho Existencial" se impone cada día más y más y la comprención de la filosofía general y especialmente de la Filosofía del Derecho debe satisfacer a las exigencias que indudablemente nos vamos a encontrar después de la guerra actual cuando se trate de resolver las situaciones jurídicas en un sentido de sinceridad y de realidad. 1932
Editorial Palibrio 2015
Ventas@Palibrio.com

**POR EL MUNDO DE LA MUSICA**
El propósito de estas conferencias, es el de proporcionar el conocimiento de la belleza de la música y su enorme importancia en la cultura de los pueblos y de los individuos. 1950
Editorial Palibrio 2015
Ventas@Palibrio.com

**EL ESOTERISMO DE LA DIVINA COMEDIA Y BOOZ O EL FILÓSOFO DE LA CIUDAD HUMANA**
"El Esoterismo de la Divina Comedia" y "Booz o la Liberación de la Humanidad", es una Disertación Filosófica sobre la "Divina Comedia" de Dante Alighieri, que presenta la vida en su múltiple transformación y en su perpetuo crear. 1947.
Editorial Palibrio 2016
Ventas@Palibrio.com

**LA CIENCIA COMO INTEGRADORA DE LA CULTURA**
Serie de conferencias que presentan nuevas visiones en la historia, nuevos principios para la concepción de la naturaleza, nuevas soluciones para el complicado problema del espíritu y nuevos aspectos en la vida social. 1951
Editorial Palibrio 2016
Ventas@Palibrio.com

**CURSO DE ÉTICA**
La existencia que sólo puede llevarnos para comprender a la humanidad y la finalidad del hombre frente a todas las finalidades del universo, principalmente a la finalidad de la sociedad. 1930.
Editorial Palibrio 2016
Ventas@Palibrio.com

**PENSAMIENTOS DE UNA MUJER Y SELECCIONES LITERARIAS**
Serie de refranes, pensamientos y comentarios sobre música, ciencia, filosofía y otros temas. 1946
Editorial Palibrio 2016
Ventas@Palibrio.com

### La Universidad

#### Alcance de su labor educativa y social y Conferencias Filosóficas

Libro que trata sobre las Universidades del futuro que deben sostener como pendón de sus actividades la tesis de un resurgimiento consciente y verdadero de la democracia y de la libertad. 1950.
Editorial Palibrio 2016
Ventas@Palibrio.com

### La experiencia moral fundamental

#### Una introducción a la Ética de Herman Nohl

Comentario a la obra de Hermann Nohl "Una introducción a la Ética" que incluye el "Menón", diálogo Platónico que trata de llegar a definir lo que se entiende por virtud, que es un estado de ánimo propio de los seres fuertes para vencer en las empresas nobles y difíciles. Curso ofrecido en la clase de Etica en el Colegio Aleman en 1956.
Editorial Palibrio 2016
Ventas@Palibrio.com

### El hombre integral en la nueva educación

#### Congreso pedagógico de la Unesco celebrado en Monterrey, sobre la educación 1946

Comentarios sobre el mensaje de la UNESCO en Monterrey, México sobre la educación para la libertad y la paz. 1948
Editorial Palibrio 2017
Ventas@Palibrio.com

### El problema de los valores y la sociología de la cultura 1933

Este obra trata de la creación de la cultura que necesita tanto del genio, como de las exigencias y aspiraciones de los pueblos. 1933.
Editorial Palibrio 2017
Ventas@Palibrio.com

### Beethoven

En este libro se presenta una de las más bellas expresiones de la música vocal e instrumental, la cual resume todas las exigencias que el ritual exige para el sacrificio desarrollado a través de la Liturgia. 1940.
Editorial Palibrio 2017
Ventas@Palibrio.com

## Cultura musical

### Primer Año

Este curso trata de enseñar a escuchar correctamente una obra musical. Así como se necesita saber mirar una buena pintura, así también es necesario saber escuchar. 1956.
Editorial Palibrio 2017
Ventas@Palibrio.com

## Cultura musical

### Segundo año

En este curso se enseña entre otros temas, la naturaleza de la música del Renacimiento, el estilo Barroco, la escuela çlásica, la tendencia Romántica, la formulación Impresionista y asi sucesivamente. De esta manera quedará impreso indeleblemente en la mente del joven un conocimiento de forma viviente. 1956.
Editorial Palibrio 2017
Ventas@Palibrio.com

## Enfoques musicales

### Primer curso superior

El texto expone la comprensión de la naturaleza del arte musical, a través de sus varias formas de expresión para comprender el sentido de la música. 1956.
Editorial Palibrio 2018
Ventas@Palibrio.com

## Estampas musicales

### Segundo curso superior

Libro de Texto que estudia las formas musicales más importantes a través de la historia ofreciendo el más bello horizonte de especulación filosófica, científica y artística. 1956.
Editorial Palibrio 2018
Ventas@Palibrio.com

## Claudio Debussy
### Un ensayo y una impresión

En esta obra se estudian la fuentes del Imprecionismo Musical de Debussy, el cual se encuentra en el arte pictórico y poético. Forma nueva en donde la subjetividad domina para realizarse en la música, la pintura y la poesia. 1951
Editorial Palibrio 2018
Ventas@Palibrio.com

### Historia de la lógica

Texto que estudia la discillina filosófica de los pensamientos representada por Aristóteles, Platón, Santo Tomás de Aquino, Decartes, Augustus y otros más a través de la época Antigua, Media, Moderna y Contemporánea. Dr. Adalberto García de Mendoza y Dr. Evodio Escalante. 1930
Editorial Palibrio 2018
Ventas@Palibrio.com

### Tratado de armonía

El fin de esta obra es abordar el estudio de la armonía. Saber imaginar en la mente y en la emoción los efectos sonoros de un enlace de acordes, enseñar los principios armónicos substanciales y explicar estos principios armónicos. 1940
Editorial Palibrio 2018
Ventas@Palibrio.com

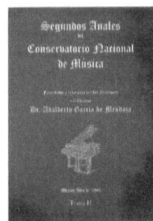

### Segundos anales del conservatorio nacional de música

En este Segundo tomo de los Anales se presentan las labores de maestros y alumnos del Conservatorio con la finalidad de impulsar el arte musical. 1941
Editorial Palibrio 2018
Ventas@Palibrio.com

### Terceros anales del conservatorio nacional de música. Formulados y redactados por los Profesores y el Director. México Año de 1941. Tomo III

Los documentos en este tercer libro del Conservatorio describen las actividades y reformas que se desarroyaron entre los años 1938 a 1943 bajo la dirección del Dr. Adalberto García de Mendoza, director del Conservatorio.
Editorial Palibrio 2018
Ventas@Palibrio.com

### La Estética del Arte del Clavecín. 1940

Este libro trata de los estilos barroco y rococó en el arte y la significación del arte clavecinisto y su trascendencia frente al estilo clásico.
Editorial Palibrio 2018
Ventas@Palibrio.com

CONFERENCIAS OFRECIDAS EN JAPÓN Y MÉXICO SOBRE EL NEOKANTISMO DE BADEN Y MARBURGO, LA FENOMENOLOGÍA DE HUSSERL Y EL EXISTENCIALISMO DE HEIDEGGER. 1931

Editorial Palibrio 2018
Ventas@Palibrio.com

EL SENTIDO HUMANISTA DE UNA NUEVA ENSEÑANZA MUSICAL. 1943

Un Conservataorio es una Institucion donde se forjan los hombres que van a divulgar el arte de la música en individuos y colectividades y poder señalar un nuevo horizonte al sentimiento artístico de los sonidos.
Editorial Palibrio 2019
Ventas@Palibrio.com

ESTÉTICA MUSICAL. 1941

La cátedra de Estética Musical debe ser siempre ampliamente ilustrada con la reproducción de obras musicales de todos los tiempos y de todos los países, pero haciendo notar fundamentalmente, la excelencia de las obras contemporáneas que requieren, para su comprensión, un profundo conocimiento de nuestra propia existencia.
Editorial Palibrio 2019
Ventas@Palibrio.com

EL MESÍAS HENDEL Y OTROS COMPOSITORES 1940

Esta obra fue presentada por primera vez en México, dirigido por el maestro Miguel C. Meza, cantado íntegro por el Coro del Conservatorio Nacional de Música, el 21 de diciembre de 1940.
Editorial Palibrio 2019
Ventas@Palibrio.com

LA MÚSICA, LAS MATEMÁTICAS Y LA FILOSOFÍA

El autor describe en este texto a las matemáticas como vibraciones de la inteligencia pura, y la música como vibraciones del sentimiento bello. La primera es el dominio del Logos, la segunda es el campo de la belleza. 1951
Editorial Palibrio 2019
Ventas@Palibrio.com

**El Romanticismo en la Música**

El autor nos presenta el Romanticismo representado por compositores del Siglo XVIII y parte del XIX con un mundo de realidades anímicas en que la objetividad adquiere su mayor esplendor y sabe internarse unicamente en el microcosmos humano. 1942
Editorial Palibrio 2019
Ventas@Palibrio.com

**Antología literaria**

Serie de pláticas de filosofía, música, arte y ciencia para encausar a la juventud por nuevos senderos para que puedan sentir que la plenitud de la vida no está en la muerte sino en la vida misma. 1946
Editorial Palibrio 2019
Ventas@Palibrio.com